Jesper Juul

Wir sind für dich da

Jesper Juul

Wir sind für dich da

10 Tipps für authentische Eltern

Herausgegeben von Ingeborg Szöllösi

KREUZ

MIX
Papier aus verantwortungsvollen Quellen
FSC® C106847
www.fsc.org

www.kreuz-verlag.de

Umschlaggestaltung: Vogelsang Design
Umschlagmotiv: © shutterstock.com – Olesia Bilkei
Innengestaltung und Satz: agentur IDee
Herstellung: fgb · freiburger graphische betriebe
www.fgb.de

Printed in Germany

ISBN 978-3-451-61316-6

Inhalt

Vorwort

Eltern und Erziehende, die beruflich mit Kindern arbeiten, befinden sich heute in einer einmaligen Situation: Sie wünschen sich ein neues Erziehungsmodell. Und das wäre noch gar nichts Besonderes. Jede Elterngeneration hat sich seit jeher in einer ähnlichen Situation befunden: „Wir wollen es nicht so wie unsere Eltern machen, wir wollen es besser machen." Das Einmalige aber ist heute, dass das seit vielen Generationen bekannte, auf Gehorsam beruhende Erziehungsmuster nicht mehr greift. Die Elterngeneration von heute hat sich radikal von der Vergangenheit abgewendet und sucht etwas anderes – dieses „Andere" hat sich noch nicht herauskristallisieren können und wird deshalb von jedem unterschiedlich definiert.

Wem ich zum Beispiel sehr häufig in Deutschland, Österreich und der Schweiz begegne, sind die sogenannten „romantischen Eltern": Sie sind von der Idee besessen, dass sie für ihre Kinder das Paradies auf Erden herbeizaubern müssen – dass die Kinder ohne Schmerz, Verletzungen, Ärger aufwachsen sollten! Eine andere, auch sehr verbreitete Vorstellung von Eltern ist, dass sie immer nur nett und freundlich zu ihren Kindern sein wollen. Für sie ist das ewig lächelnde Antlitz die neue Erziehungsmethode. Nur kommt es dann zu folgendem jähen Umsturz und Kulissenwechsel: Wenn die Kinder auf ihr Nett- und Freundlichsein mit „Ungehorsam“ reagieren, wenn sie ungehalten werden und nicht wie erwartet zurücklächeln, dann greifen diese Eltern automatisch auf die radikalen Erziehungsmethoden der Vergangenheit zurück: Der Eltern „Wunsch“ ist den Kindern Befehl!

Erziehung aus Unsicherheit

Eltern sind verwirrt, und das hat teilweise fatale Folgen: Sie wechseln ihre erzieherischen Grundsätze öfter, als sie ihre Unterwäsche wechseln: einige Male pro Tag. Ihr „nettes“ Verhalten kippt in autoritäres um, was die Kinder dann total verunsichert: Ist das nette oder das strenge Gesicht der Mama die wahre Mama? – Theoretisch dürfte das nicht sein – wir meinen schon längst, alle Überbleibsel der autoritären Erziehung hinter uns gelassen zu haben, aber die Praxis in den Familien sieht noch immer anders aus.

Mein Ziel ist es nicht nur, Eltern eine Orientierungshilfe zu bieten, sondern vor allem, ihnen Gründe und Motive aufzudecken, weshalb es tatsächlich so notwendig ist, eine ganz bestimmte neue Richtung einzuschlagen. Ich möchte Eltern einen Weg aufzeigen, der nicht mehr von den alten Beweggründen einer auf dem Prinzip Gehorsam basierenden Erziehung gespeist wird. Und ich bin mir sehr wohl bewusst, dass meine Möglichkeiten auch nur begrenzt sind – also versuche ich, mir und den Menschen, die zu mir kommen, nichts vorzumachen.

Wir wollen uns auf der einen Seite anpassen, denn jeder von uns will irgendwo hingehören. Trotzdem wollen wir auch als Individuen gesehen werden. Das ist der Konflikt zwischen Kooperation und Individuation.

Diesen Konflikt haben auch Eltern konstant, wenn sie schwierige Entscheidungen treffen müssen – Entscheidungen darüber, wie man es in seiner Familie gerne hätte, dass zum Beispiel weniger Coca Cola und Chips gekauft werden … Dann meinen sie, sie könnten so etwas nicht durchsetzen, weil es in anderen Familien nicht verboten ist. Wenn ich über eine längere Zeitspanne mit Eltern in Gruppen arbeite, antworte ich ihnen auf ihre fatalistische Feststellung, es sei ja heute eh alles aussichtslos, in Form einer Bescheinigung, auf der Folgendes steht: „Ich, Vater von Alexander, gebe meine Verantwortung an die anderen Eltern aus der Klasse ab!" – Plötzlich horchen Eltern auf und protestieren dann auch sogleich: „Nein, natürlich möchte ich für meine Familie verantwortlich sein!" Und so gelingt es, Eltern nahezubringen, dass es wichtig ist, dass sie sich selbst erziehen und ihre Familienkultur aktiv bestimmen. In den nächsten zehn Jahren wird sich diese Aufgabe der Eltern vor allem im Umgang mit übergewichtigen Kindern als wesentlich erweisen. Sie müssen entscheiden, ob sie es weiterhin dulden wollen, dass sich ihre Kinder mit Fastfood ernähren, und es ist davon auszugehen, dass in jedem Elternhaus die Entscheidungen unterschiedlich ausfallen werden.

Eltern müssen heute individuell entscheiden: Was wollen wir in unserer Familie einhalten?

Dabei können die Eltern sich auf keine äußere Autorität beziehen: Sie selbst müssen an sich und ihre Vorstellungen von Familie glauben und mit den Konflikten, die selbstverständlich daraus erwachsen, rechnen und fertig werden.

Es ist das erste Mal in der Geschichte, dass wir machen können, was wir wollen: Wir können uns kleiden, wie wir wollen, essen, was wir wollen, und wir können uns vieles leisten. Deshalb bin ich sehr bemüht, den Eltern einige elementare Kriterien an die Hand zu geben, die ihnen als Navigationspunkte auf der Suche nach einer eigenen Familienkultur dienen können.

Tipp Nr. 1

Verantwortungsbewusstsein ist wichtiger als Gehorsam

Vom Gehorsam zum Verantwortungsbewusstsein – das ist in gewisser Hinsicht ein pädagogischer Paradigmenwechsel. Nur: Wie soll das konkret im Familienalltag realisiert werden? Respekt, Eigenverantwortung, das klingt wunderbar, aber wie sieht's in der Praxis damit aus?
Um diese Frage beantworten zu können, möchte ich den Unterschied zwischen Verantwortung und Macht etwas näher beleuchten. Wenn wir über die Tatsache sprechen, dass Kinder bis zu einem gewissen Grad fähig sind, Verantwortung für ihre eigene Person zu übernehmen, dann denken Eltern sofort, das kann nie und nimmer hinhauen. Und warum denken sie das? Weil für sie der Satz: „Ich muss die Verantwortung tragen" gleichbedeutend ist mit dem Satz: „Ich habe die Macht inne. Ich bin ermächtigt." Aber:

Verantwortung hat nichts mit Macht zu tun.

Es ist eine reale Herausforderung, aber gleichzeitig eine äußerst philosophische Angelegenheit, dass jeder von uns für sein eigenes Leben verantwortlich ist – für unsere Emotionen, unsere Gedanken, für unser Sein. Denn es ist erschreckend: In dem Augenblick, in dem du Verantwortung übernimmst, wirst du mit deiner elementaren Einsamkeit konfrontiert. Ich kann niemanden für mein Leben so, wie ich es lebe, beschuldigen – ich kann mich zwar auf meine Kindheit beziehen und sagen, dies oder jenes hat mich sehr beeinflusst, aber ich weiß, ich kann mich damit nicht herausreden – die Verantwortung für mein Leben trage ich alleine und niemand sonst! Und in diesem Zusammenhang steht der Mensch vor einer existentiellen Wahl und hat zwei Möglichkeiten: Will ich verantwortlich sein für mein Leben oder will ich ein Opfer sein? – Die meisten von uns werden sofort sagen: „Natürlich will ich verantwortlich sein. Ich war lange genug ein Opfer und habe es satt, von anderen gegängelt zu werden!"

In den Familien haben wir eine alte Tradition, der wir nicht so leicht entkommen können, nämlich dass Eltern die persönliche Verantwortung für ihre Kinder tragen, selbst wenn sie mit dieser „guten" Absicht die Kinder komplett übergehen. In Wirklichkeit können Eltern nur vorgeben, für ihre Kinder verantwortlich zu sein, sie sind es aber nicht.

Denn wenn du deine Verantwortung an jemand anderen abgibst, gehst du verloren – auch als Kind. Nur können Kinder so nicht über ihre Verantwortung reden. Kein Kind kommt zu seinen Eltern und sagt: „Ich möchte mehr Verantwortung für mich!“ Kinder sprechen nicht in philosophisch-existentiellen Begriffen, sie sprechen in sozialpolitischen Begriffen – sie werden dir also sagen: „Warum entscheidest du, wann ich ins Bett gehe? Ich möchte es bestimmen!“ Oder: „Wann bin ich alt genug, um das selbst zu entscheiden?!“ Der Fehlschluss von Eltern ist nun, zu meinen, wenn sie dem Kind mehr Verantwortung zusprechen würden, dann würden sie ihm mehr Macht einräumen, was dann hieße, sie hätten ab sofort weniger.

Kindern Raum geben

Ich wurde mal von einer Mutter konsultiert, die mir schlichtweg sagte: „Was in ihrem Buch steht, ist nicht richtig! Sie müssen das korrigieren! Wir haben einen neunjährigen Jungen, und wir müssen jedes Mal mit ihm kämpfen, damit er ins Bett geht, um am nächsten Tag ausgeschlafen in die Schule zu gehen. Und dann habe ich ihr Buch gelesen, in dem steht, dass wir den Kindern die Verantwortung überlassen sollten, wann sie ins Bett gehen und wie viel sie essen wollen. So haben wir beschlossen, dass wir es ihm überlassen, wann er sich schlafen legt, wenn wir in unserem Wochenendhaus sind – in den Ferien oder am Wochenende. Aber auch da geht er nicht vor zwei oder drei Uhr in der Früh ins Bett – also es funktioniert nicht!"
So wie diese Mutter denken die meisten Menschen über die Verantwortung nach. Aber die persönliche Verantwortung ist nicht etwas, was man dem Kind manchmal einräumt und manchmal nicht. Entweder hat es sie oder es hat sie nicht! Der kleine Junge kann sie nicht nur am Wochenende haben und den Rest der Zeit nicht. Denn so wird aus Verantwortung Macht.

Für mich war folgendes Ereignis ein wesentliches und großes Geschenk von meiner Mutter – bestimmt ohne Absicht, denn sie hat, wie alle Mütter aus der Zeit, an strikte Regeln geglaubt: Als ich mit 13 oder 14 Jahren anfing, auszugehen, sagte mir meine Mutter: „Komm nicht zu spät nach Hause!" – Sie ließ mir also den Raum, zu entscheiden, wann es für mich „zu spät" war, sie sagte nicht: „Um 22 Uhr musst du zurück sein!" Ich durfte für mein „spät" die Verantwortung übernehmen.

In dem Beispiel mit dem Jungen, der nicht schlafen gehen wollte, haben die Eltern Verantwortung wie Macht behandelt. Und sie haben gemeint, wenn sie ihrem Sohn ab und zu etwas mehr Macht einräumen, könne man ihnen nichts mehr vorwerfen. Hätten sie ihn als verantwortliche Person anerkannt, dann wären sie auch frei gewesen zu sagen, was sie persönlich davon halten, dass er so spät ins Bett geht: „Ich meine, du bleibst zu lange auf. Du solltest vor Mitternacht ins Bett gehen." Ich lasse ihn also wissen, was ich denke, und er kann mir nun mitteilen, was er denkt. So teilen wir die Verantwortung und haben einen gleichwertigen Dialog, in dem sich keine Gewinner-Verlierer-Situation einstellt.

Unter Erwachsenen ist diese Vorgehensweise ja durchaus üblich: Wir teilen die Verantwortung und tauschen uns danach aus, was wir von der Arbeit des anderen halten. Genau diesen Austausch verbieten wir uns aber mit Kindern. Dabei treffen Kinder bereits mit vier Monaten ihre erste individuelle soziale Entscheidung: Den einen Erwachsenen mögen sie, den anderen nicht. Obwohl wir im Leben genau dieselbe Entscheidung immer wieder treffen, erlauben wir es gerade Kindern nicht: Sie müssen alle mögen und zu allen nett sein. Und dann kommt es zu den abstrusesten Begründungen: „Du musst diese Tante lieb haben, weil sie dich liebt!" So ein Argument würden wir keinem Erwachsenen gegenüber äußern: „Du musst mich lieben, weil ich dich liebe!" Aber so verkehrt es auch ist, den Kindern sprechen wir die Verantwortung dafür ab und bestimmen am liebsten selber, wen sie zu mögen haben und wen nicht. Das geht so weit, dass manche Eltern sich sogar einmischen, wenn es um den Freundeskreis ihres Kindes geht.

Zum Beispiel ist meine Mutter sehr verwirrt, dass ihr jüngeres Enkelkind sie nicht mag: „Ich mag dich nicht", sagt es zu ihr. Und ich hoffe, dass mein

Bruder, sein Vater, ihn deshalb nicht beschimpft. Der ältere Sohn hingegen ist sehr gut zu ihr – beide Söhne kooperieren, jeder auf seine Art, mit den Erwachsenen: Der ältere kopiert das äußere Verhalten des Vaters, denn er ist auch sehr nett zu ihr, der andere hingegen bringt die geheime Beziehung des Vaters zu seiner Mutter zutage: nämlich seine stille Ablehnung.

Kinderwünsche ernst nehmen

Kindern Verantwortung zuzugestehen heißt jedoch nicht, ihnen jeden Wunsch zu erfüllen. Beispielsweise haben Kinder oft eine klare Vorstellung davon, wie sie aussehen möchten – welche Kleider sie tragen wollen, welchen Haarschnitt und so weiter. Aber das heißt noch lange nicht, dass du ihnen alles kaufst, was sie sich wünschen. Es heißt nur, wenn sie sagen: „Ich möchte diese Schuhe!“, dass du das ernst nimmst. Und es kann vielleicht tatsächlich so sein, dass du sie ihm nicht kaufst und ihm sagst: „Ich sehe, dass dir diese Schuhe gefallen, aber sie sind für uns einfach zu teuer! Du musst dir andere suchen.“ Es geht hier also nicht

um ein Machtspiel – um die Frage: Wer hat die Macht? –, sondern darum, auf den anderen einzugehen und ihn ernst zu nehmen.
Ähnlich ist es im Dialog zwischen Mann und Frau: Der eine will nach Spanien in Urlaub fahren, der andere nach Finnland. Sie müssen eine Lösung finden – eine Möglichkeit wäre: „Dieses Jahr fahren wir nach Spanien, aber nächstes Jahr fahren wir nach Finnland." Beide Wünsche wurden ernst genommen, und es darf auch hier nicht um die Frage gehen, wer ist mächtiger, wer setzt sich durch, denn das führt in die Beziehungslosigkeit. Wenn sich beide einig sind, dass das Wichtigste ist, zusammen irgendwohin zu fahren, dann können sie miteinander offen darüber sprechen, müssen ihre Wünsche nicht unterdrücken und finden dann auch gewiss eine Lösung. Für die Generation meiner Eltern war zum Beispiel dies, dass man zusammen in den Urlaub fährt, ein MUSS. Heute geschieht es freiwillig, wenn beide wollen – ja, aber sie müssen nicht!
Mit den Kindern läuft das genauso – das Kind will etwas, was du wirklich nicht gut findest. Dann musst du ihm das mitteilen und ihm klarmachen, weshalb du seine Idee nicht gut findest. Und es

wird dich genauso ernst nehmen, wie du es ernst nimmst. Denn wenn du nicht bereit dazu bist, ein Kind ernst zu nehmen, erwarte auch nicht, dass es dich ernst nimmt! Wenn ein Kind spürt, dass du es nicht ernst nimmst, dann wird es dich hinter deinem Rücken boykottieren und dir nur zum Schein „folgen“.

Tipp Nr. 2

Den Dialog in der Familie pflegen

Ich kenne in Zagreb die Familie eines Diplomaten. Vater und Mutter wollen nach Dänemark zurück, wegen der Schulausbildung ihrer Kinder, und sie haben dies mit ihnen besprochen. Emotional fanden die Kinder diese Idee furchtbar: Als sechs- oder siebenjähriges Kind kümmert dich deine Zukunft, die Schule, die Ausbildungs- und Studienmöglichkeiten herzlich wenig. Aber die Eltern sind dabei geblieben und haben schließlich den Entschluss gefasst: Wir gehen zurück! Aber weil sie diesen Prozess des Austausches hatten, konnten die Kinder irgendwann auch Okay sagen, obwohl sie noch immer traurig darüber waren. Diese Eltern haben nicht mit ihren Kindern verhandeln wollen wie auf dem Markt, sondern sie wollten eine offene Aussprache – wir setzen uns gemeinsam an den Tisch und jeder sagt, was er fühlt, dann unterhalten wir uns nächste Woche wieder darüber. Und so sind sie zu einem Resultat gekommen, das für alle in Ordnung war!

In dieser Familie ging es auch nicht um eine demokratische Wahl – demokratische Werte sind zwar wunderbar, aber es gibt sehr viele Dinge in den Familien, über die du nicht abstimmen

kannst, weil es keine Mehrheit gibt. Also müssen andere Werte gefunden werden: zum Beispiel offen und fair miteinander sprechen.
Es ging dieser Familie nicht darum, Überzeugungsarbeit zu leisten – es ging tatsächlich um den Dialog und nicht um eine scheinheilige Diskussion oder Verhandlung, in der der eine den anderen überzeugen will, dass seine Version besser ist. Und einen Dialog zu führen, das bedeutet, wenn wir nun an unser Beispiel mit dem Urlaub denken, dass du mir erklären musst, weshalb Spanien für dich angenehmer ist als Finnland. Was Paare aber dann sehr schnell tun – sie wollen recht haben oder sie kritisieren den anderen: „Du willst ja nur deshalb nach Spanien, weil du faul bist und in der Sonne herumliegen möchtest, statt mit mir in Finnland wandern zu gehen." Der Dialog artet sehr schnell aus und wird zu einem Machtkampf, in dem dann irgendwann einer aufgibt, was seinen Preis hat: „Jetzt bist du mir etwas schuldig!"

Es gibt in Familien keine deutlichen Hierarchien, also müssten wir eigentlich miteinander gut sprechen können. Aber wir können es nicht, weil wir es nie gelernt haben, weil unsere Eltern uns vorgeschrieben haben, was wir zu tun und lassen haben. Sie haben befohlen, statt mit uns zu reden. Deshalb finde ich es sehr fruchtbar, wie sich in dieser Diplomatenfamilie der Austausch von Gefühlen und Gedanken vollzogen und wie sich jeder ernst genommen gefühlt hat.

Die wenigsten von uns haben mit ihren Eltern einen wirklichen Dialog geführt, und zwar einen Dialog, den die Eltern aus ihrem eigenen Bedürfnis heraus gewollt hätten. Und dabei ist es für Kinder wesentlich, Eltern zu haben, die ein wahres Interesse an ihrem Leben haben, die herausfinden wollen, wer ihr Kind ist, deren Fragen sich nicht nur darauf beschränken: „Wann bist du gestern nach Hause gekommen?“ Und: „Warum so spät?“ Sondern Eltern, die fragen: „Was bewegt dich? Was geschieht gerade in deinem Leben?“, statt mit ihren gewohnten „Kontrollfragen“ die Kluft zwischen sich und den Kindern noch größer werden zu lassen.

Viele Eltern glauben, es sei ihre elterliche Verantwortung, wann ihre Tochter nach Hause kommt. Nur dürfen sie sich dann nicht wundern, wenn ihre Tochter anarchistisch und selbstzerstörerisch wird, oder, die andere Möglichkeit, auch nicht sehr viel besser: übertrieben gehorsam und ohne Eigeninitiative, mit anderen Worten leicht manipulierbar.

Im Dialog Verantwortung vermitteln

Für das eigene Leben die Verantwortung zu übernehmen, ist etwas, was jeder von uns lernen muss. Und es braucht Zeit, viel Zeit! Ich habe 25 Jahre dafür gebraucht, und ich meine, noch immer unterwegs zu sein.
Verantwortlich zu leben ist ein neues Konzept – unsere Gesellschaft will nicht wirklich, dass Menschen verantwortlich sind: Sie will nach wie vor den angepassten, gehorsamen Menschen. Deshalb ist es für Eltern eine vollständig neue Aufgabe: Sie können nicht immer Ja und auch nicht immer Nein sagen, sie müssen da sein, gegenwärtig, ein Partner sein, der das Gleichgewicht zwischen Ja und Nein findet, zwischen Widerstand bieten und nachgiebig sein – das ist die neue Rolle der Eltern und der einzige Weg, dem anderen zu helfen, seine Verantwortung auf sich zu nehmen.
Ich habe das von meiner Frau gelernt. Wenn sie

mich am Samstagabend gefragt hat: „Was soll ich anziehen?“, und ich ihr ein ganz bestimmtes Kleid genannt habe, war ich immer wieder erstaunt, dass sie dann ein völlig anderes Kleid anhatte. Die meisten Frauen verstehen diesen Mechanismus sofort – ich war ihr hilfreich, weil ich mir Gedanken über ihr Aussehen gemacht habe; das ist also der Aspekt des Widerstands: „Du trägst immer schwarz, zieh doch mal das rote Kleid an!“ Und nun kennt sie meine Meinung und kann ihre Entscheidung treffen.

Die meisten Männer verstehen mich nicht und sagen: „Warum kümmerst du dich überhaupt darum und verschwendest deine Energie, wo du eh weißt, sie macht es anders?“ Sie sehen also nur den Teil: Diese Frau gehorcht nicht. Sie sehen den anderen nicht: Diese Frau will meine Meinung hören! Sie will den Dialog!

Genauso ist es mit Kindern – wenn du ihnen nie gestattest, das zu tun, was sie wollen, fühlen sie sich übergangen. Und wenn sie immer bekommen, was sie wollen, ebenfalls – in beiden Fällen fühlen sie sich alleine gelassen. Es geht also nicht darum, was richtig oder falsch ist, oder wer recht oder unrecht hat. Es geht nicht darum, über etwas abzustimmen, sondern darum, den Eltern einen Sinn dafür zu vermitteln, dass es wesentlich ist, für die Existenz der Kinder Interesse zu zeigen. Zum Beispiel – wenn die Eltern sagen: „Morgen gehen wir Onkel Tom besuchen!“, und das Kind sagt: „Aber ich will nicht!“, dann – und das mag nun banal klingen, aber es ist nicht leicht! – müssen die Eltern an dieser Antwort Interesse zeigen: „Oh, das überrascht mich jetzt! Warum willst du nicht?“ – „Weil ich mit meinem Freund Fußball spielen möchte!“

Bei einem Dialog wird es immer unwichtiger, recht zu haben und sich durchzusetzen. Wichtig ist der Prozess.

Natürlich kann ich nicht lange mit meinem Sohn diskutieren, wenn er bei Rot über die Straße laufen will, dann muss ich ihn packen und aufhalten. Das ist okay! Da gibt es auch nichts zu diskutieren. Strenge Worte sind also in manchen Zusammenhängen durchaus notwendig. Ich möchte dies anhand des Beispiels mit dem Jungen, der nicht zum Onkel mitkommen möchte, erläutern. Nehmen wir an, er sagt ganz einfach: „Ich habe keine Lust mitzukommen, weil ich mich dort langweile.“ Wenn du ihn nun gleich anfährst und sagst: „Wie kannst du nur so etwas sagen, es langweilt dich. Der Onkel hat dich schließlich sehr lieb!“, dann gibst du ihm das Gefühl, er sei nicht in Ordnung: Er ist schlecht und undankbar! Obwohl du eigentlich derjenige bist, der die Realität verkehrt: Wenn dich jemand liebt, liebt er dich – und fertig, du musst ihm dafür keine Dienste erweisen: Weil er mich liebt, muss ich alles tun, was er will!

Aber ich sage nicht, dass das Kind der liebe Gott ist – du musst also nicht den Onkel anrufen und ihm sagen: „Unser Sohn will dich nicht besuchen, also bleiben wir alle zu Hause!“ Das ist nämlich nichts als eine neue Diktatur, aber kein Dialog und keine Beziehung. Wenn du ihn ernst nimmst, dann kannst du ihm zum Beispiel sagen: „Ich verstehe, dass dieser Besuch für dich langweilig ist, aber ich möchte trotzdem, dass du mitkommst – nimm dir ein paar Bücher mit oder frag deinen Freund, ob er nicht auch mitkommen möchte, dann könnt ihr dort gemeinsam Fußball spielen!“ Dann kann der

Kleine noch immer einwenden: „Aber ihr tut es ja auch nur aus Pflicht und nicht, weil ihr den Onkel liebt!" Und du bleibst dabei: „Ja, es ist eine Pflicht, aber für uns ist es eine wichtige Pflicht!" Also, auch hier ist es klar, du bist dabei geblieben: Es wird zum Onkel gegangen! Du hast nicht dem Kind die Entscheidung überlassen und ihm die Macht zugesprochen – nein, du hast selbst entschieden. Aber du hast auch das Bedürfnis des Kindes wahrgenommen – und genau darum geht es, dass die Kinder frühzeitig trainiert werden, mit- und nachzudenken, sich selbst immer zu fragen: Was möchte ich? Und weshalb möchte ich etwas nicht? Gibt es einen Ausweg oder Kompromiss? Diese Fragen sind später im Leben äußerst wichtig. Und die meisten Menschen heute – vor allem die ab Mitte dreißig aufwärts – können nicht direkt sagen, was sie wollen! Weil niemand da war, der sich in ihrer Kindheit für ihr Leben, ihre Wünsche und Hoffnungen interessiert hat. Sie haben also keine Übung darin – und vor allem große Angst, dass sie in Schwierigkeiten geraten, wenn sie wirklich sagen, was sie möchten.
Deswegen setze ich mich so sehr für den persönlichen Dialog ein, in dem sich Menschen trauen,

das zu formulieren, was in ihnen vorgeht. Die korrekte soziale Konversation ist zum Scheitern verurteilt – sie endet immer schlimm, weil niemand wirklich das bekommt, was er will, aber alle sind dabei „nett“ geblieben: Dieses soziale „Wir-sind-alle-lieb-zueinander“-Spiel ist vielleicht manchmal angebracht, aber nicht, wenn es um wahrhaftige Beziehungen geht.

Tipp Nr. 3

Schluss mit starren Rollen – authentisch sein und zuhören

Was ist der Unterschied zwischen „eine Rolle spielen“ und „präsent sein für dein Kind“? Ich gebe am besten ein Beispiel: Ein acht Jahre altes Kind kommt aus der Schule nach Hause, und du merkst, dass etwas nicht in Ordnung ist, und fragst: „Was ist los?“ – „Nichts!“ – „Aber du siehst nicht glücklich aus! Ist was passiert?“ – „Nein, es ist nicht wichtig!“ – „Sag es mir doch. Ich sehe, dass etwas nicht stimmt!“ – „Also, mein Lehrer war so ungerecht heute. Jemand hat das und das getan, und er hat mich dafür bestraft.“ – Selbst wenn Eltern bis zu diesem Punkt präsent waren, hören in diesem Augenblick die meisten auf, zuzuhören. Sie beginnen mit der Schauspielerei und springen in die Rolle der Eltern: „Nun, dann musst du auch etwas angestellt haben!“ Warum also sollte dieses Kind dir noch mal etwas anvertrauen, wenn du ihm nicht bis zum Schluss mit Empathie zuhören kannst? Niemand verlangt von dir, Partei zu ergreifen, aber du musst zunächst fürs Kind da sein – du musst dir die ganze Geschichte anhören. Und es ist völlig egal, welches nun die objektiven Tatsachen waren, die zu diesem Konflikt geführt haben: Wesentlich ist, dass das Kind sehr unglücklich ist.

Die meisten Eltern schneiden den Dialog ab, bevor er überhaupt erst richtig angefangen hat, weil sie nicht mehr präsent sind, sondern ihr Rollen-Ich aktiviert haben. Sie haben Angst, die Führung zu verlieren. Wir sind, wenn wir persönlich sind, äußerst verletzbar. Also schützen wir uns lieber rechtzeitig, nur eben auf Kosten anderer – in diesem Fall: des Kindes. Wir verletzen lieber das Kind: Es ist schuldig, es hat gewiss etwas angestellt! Und wir verschanzen uns hinter unserer Rolle, der vermeintlichen Führung, aber verlangen von ihm, dass es weiterhin die Wahrheit sagt – das ist ein unfaires Spiel.

Wir erwarten vom Kind, dass es authentisch bleibt, obwohl wir es längst nicht mehr sind.

Das, was Eltern mit ihrer Haltung ausdrücken, ist, dass es ihnen viel wichtiger ist, unter Beweis zu stellen, was für „gute Eltern" sie sind, als mit ihrem Kind in Kontakt zu treten. Sie sind von sich selbst absorbiert und nicht wirklich auf Bezug und Dialog eingestellt.

Im Zuhören liegt oft schon die Lösung

Es ist anstrengend, dauernd zu überlegen, wie spiele ich die Rolle der Mutter am besten. Was mich sehr verwundert, ist, dass gerade Frauen dies Spiel mitspielen, denn gerade sie müssten doch wissen, wie schmerzhaft es ist, wenn du dich öffnest und der andere hört dir gar nicht zu, denn er ist bereits dabei, für dein Problem irgendwelche Lösungen zu finden – genau das tun Männer ständig. Frauen erzählen ihr Problem nicht, weil sie einen großen Bruder oder Vater brauchen, der ihnen sagt, wo es langgeht. Sie finden die Lösung meist selber. Nur begreifen die Männer nicht, dass ein guter Teil der Lösung darin besteht, dass sie darüber sprechen. Die Frauen hoffen also, wenn sie sich ihrem Mann, den Eltern oder den Freundinnen mitteilen, und erzählen, was sie momentan quält, dass sie dann einen Ausweg für sich finden. So handeln die meisten Frauen! Viele Männer hingegen tun genau das Gegenteil: Sie denken nur nach – und kommen dann meist mit einem stupiden Vorschlag daher, denn sie verlassen sich nur auf ihren inneren Dialog – und der ist leider nicht sehr bereichernd ... Sie drehen sich lieber im

Kreis, als von ihren Frauen etwas zu lernen. Zum Beispiel: Als mein Vater gestorben ist, wollte ich niemanden um mich herum haben, aber das war natürlich nicht möglich. Es kamen alle Verwandten und Freunde. Und für meine Mutter war es sehr hilfreich, denn indem sie jedem Neuankömmling dieselbe Geschichte erzählte, realisierte sie allmählich tatsächlich, dass ihr Mann tot war. Wenn sie allein gewesen wäre, wäre diese Trauerarbeit sehr viel schwieriger geworden, und sie wäre womöglich nicht so leicht darüber hinweggekommen. In dieser Hinsicht haben Frauen mehr Weisheit … und trotzdem sind sie genauso unweise wie die Männer. Wenn es um ihre Kinder geht, dann sind sie auch nicht imstande zuzuhören. Immerhin, wenn ich Frauen darauf hinweise, was sie mit ihrem Kind jedes Mal inszenieren, dann wissen sie sofort, was ich meine. Sie haben die Praxis – das, was ihr Kind empfindet, haben sie auch schon oft genug empfunden. So können sie sich in Bezug auf ihr Kind leichter verändern. Für die meisten Männer ist es schwierig; dabei wäre es so hilfreich, wenn sie sagen könnten: „Hör zu, ich lieb' dich, ich würde gern mit dir sprechen, aber ich weiß nicht, wie … Lehr mich!" Stattdessen sagen sie:

„Es gibt dazu nichts zu sagen!“ Und weil sie gewohnt sind, einsam zu sein, nehmen sie sogar Konflikte in ihrer Ehe nicht wahr.

Man braucht einen authentischen Dialog, um den anderen zu entdecken, um seine Grenzen kennenzulernen und ihm die eigenen Grenzen zu zeigen.

Mit Hilfe des Dialogs kann man auch Grenzen setzen. Ein typisches Beispiel: Es geht um eine Familie mit zwei Kindern, ein Mädchen und einen Jungen. Der Vater möchte, dass sie um 21 Uhr zu Hause sind. Sie kommen aber um 23 Uhr. Der Vater: „Was war los? Was habt ihr euch gedacht, als ihr gesehen habt, wie spät es ist? Was war so wichtig, dass ihr die Uhrzeit vergessen habt?“ Nachdem er all das weiß, sagt er: „Jetzt weiß ich, dass ihr mich nicht zum Narren halten wolltet, aber ich möchte, dass ihr von nun an immer um 21 Uhr zu Hause seid, ganz egal, was euch vielleicht wichtiger ist!“ Dieser Vater hat sich die Kinder angehört und hat ihre Erlebnisse ernst genommen, sodass es den Kindern nicht schwerfallen wird, seine Regel zu akzeptieren, auch wenn sie etwas brummen werden. Letztlich sagen sie: Okay!

Wenn du aber als Vater sagst: „Wir haben eine Regel ausgemacht. Und eine Regel ist eine Regel. Ihr habt sie zu befolgen!“, dann sprichst du unpersönlich und berufst dich auf etwas Äußeres. Die Kinder werden zwar auch „Okay!“ sagen, aber sie werden sich denken: „Hol dich der Teufel! Wenn es in dieser Familie nur Regeln gibt, dann mach ich, was ich will!“ Und dann machen sie sich immun gegen dich, sie schauen über dich hinweg, als würde es dich nicht mehr geben: Du kannst sie nicht mehr erreichen. Sie sind auch nicht mehr verletzbar: Du kannst sie kritisieren und bestrafen, so viel du möchtest, es ist ihnen egal. – Mit einem persönlichen Dialog hingegen, in dem du sagst: „Ich will“, kannst du Kinder erreichen, ja, du kannst sogar Grenzen setzen – und sie werden sie akzeptieren.

Tipp Nr. 4

Nein sagen – aber richtig!

Nein zu sagen zu einem Menschen, den du liebst, ist sehr schwer – das ist klar. Den Menschen, die man liebt, möchte man Ja sagen. Das ist auch etwas Wunderbares, denn das Leben jedes Kindes sollte damit anfangen, dass die Eltern ihm vermitteln: „Ja, du bist willkommen! Wir wollen dich!" Jede Generation hatte mit dem Nein Schwierigkeiten und ist damit unterschiedlich umgegangen. Die Generation meiner Eltern hat zu allen Gesten, die Eigeninitiative zeigten, automatisch Nein gesagt – ihr Nein klang immer aggressiv, und diese Aggression verriet, wie schwierig es eigentlich für sie war, Nein zu sagen. Erschwerend kam für sie hinzu, dass sie immer plausible Gründe in der Außenwelt suchten: „Nein, niemand macht das!" Und wenn das von den Kindern nicht ernst genommen wurde, dann kamen sie mit Regeln: „Ich habe einmal Nein gesagt, das sollte reichen! Nein ist Nein!" Es war also auch für sie anstrengend, aber sie haben es konsequent praktiziert.

Das eigene Nein finden

Heute ist es anders – unter den Eltern gibt es fast nur noch Jasager, was in der Beziehung zu den Kindern zu denselben Schwierigkeiten führt. Für diese Umkehrung der Methoden der Elterngeneration gibt es vermutlich zwei Gründe. Der eine ist eindeutig: Es ist eine ganz normale Reaktion, genau das Gegenteil von dem zu tun, was die eigenen Eltern praktiziert haben. Der andere Grund ist der, dass die Gründe für die vielen Neins verschwunden sind – zum Beispiel haben heutige Eltern immer Geld für eine Tafel Schokolade. Das war früher wirklich anders. Und was früher auch anders war, war die Tatsache, dass es unter den Eltern einen Konsens gab. Sie sagten: „Nein, du darfst das in deinem Alter nicht tun!" und wussten, dass das auch die anderen Eltern so handhabten. Also, wenn ich mich mit meinen Freunden traf, stellte ich fest, dass meine Eltern tatsächlich recht hatten: Auch die anderen Kinder durften dies nicht tun. Wenn du das einem Kind heute sagst, kann es dir auf der Stelle mithilfe des Handys beweisen, dass sein Freund das tun darf, was er nicht darf.

Für heutige Eltern gibt es diesen Konsens also nicht mehr. Das ist eine große Herausforderung, denn sie müssen das Nein in sich selbst finden: Sie müssen über ihre eigenen Werte reflektieren, sodass, wenn das Kind kommt und sagt: „Ich möchte meinen Geburtstag mit meinen Freunden bei McDonald's feiern!", sie dazu ihre eigene Meinung vertreten und nicht eine entliehene. Du kannst dann als Vater sagen: „Nein, ich bringe dich und deine Freunde nicht an einen Ort, wo ihr solchen Fraß zu essen bekommt." Oder du sagst: „Okay, das machen wir!"

Viele Kinder wollen bei McDonald's essen, weil auch ihre Freunde das tun. Dann wird es für viele Eltern schwierig, weil sie ja nicht wollen, dass ihr Kind zum Außenseiter wird. Also erlauben sie es widerwillig, weil ihnen die innere Orientierung fehlt. Denn das Nein, von dem wir sprechen, kannst du nur in dir selbst finden! Du musst dich also entscheiden und die Frage klar beantworten können: Was will ich? – Will ich, dass mein Kind jeden Tag Coca Cola trinkt? Nein!

Klar ist es unklug, fanatisch alles zu verbieten: „Es wird nur noch vegetarisch gegessen!" Dann läuft man nämlich Gefahr, dass die Kinder später tatsächlich nur noch Fleisch und Cola zu sich nehmen. Aber es muss eine Balance gefunden werden: „Okay, du trinkst gerne Cola, aber in unserer Familie wird eben nur einmal die Woche Cola getrunken und nicht jeden Tag!“ Dies ist eine große Herausforderung für postmoderne Eltern, ihre eigenen Werte zu finden. In großen Metropolen treffen auch viele Kulturen zusammen, sodass es heute wirklich schwierig ist, einen Konsens zu finden. Dänische Eltern meinen zum Beispiel, Kinder dürften nicht allzu gewürzte Speisen essen. Aber wenn sich das Kind in einer vietnamesischen Familie befindet, dann stellt es fest, dass die Kinder dort jeden Tag gewürztes Essen zu sich nehmen. In den skandinavischen Ländern sagt man, das Frühstück sei die wichtigste Mahlzeit, in Italien gibt es gar kein richtiges Frühstück. Was wir an diesen banalen Beispielen ablesen können, ist, dass es keine allgemeingültige Wahrheit gibt – jeder muss sie für sich selbst entdecken und sie dem anderen mitteilen.

Eltern müssen nicht immer sofort Bescheid wissen

Du musst klar sein in dem, was du willst. Es gibt jedoch Phasen im Leben, wo alles unklar ist, wo du weder ein noch aus weißt. Aber auch das kannst du dann deinem Partner oder deinen Kindern klar sagen: „Ich weiß nicht, was ich momentan will!“

Zum Beispiel: Deine Tochter kommt aus der Schule und fragt dich: „Kann ich heute Nacht bei Christina schlafen?“ Deine automatische Antwort wäre: „Nein, das hast du schon letzte Woche getan, und das ist vielleicht für Christinas Mutter zu viel!“ Aber mit dieser Antwort verrätst du, dass nicht du sprichst, sondern der mütterliche Kassettenrekorder leiert sein Lied herunter. Das hat auch schon deine Mutter so formuliert und so weiter. Wenn du dich nun selbst als Mutter fragst: „Will ich, dass meine Tochter anderswo übernachtet?“, dann kann es sein, dass die Antwort zunächst lautet: „Keine Ahnung, ich weiß es nicht!“ Und genau das kannst du deiner Tochter mitteilen: „Ich weiß es nicht. Ich muss darüber eine Weile nachdenken, und dann sag ich's dir!" Das ist für deine Tochter eine klare Auskunft! – Was ich damit sagen will, ist, dass du als Mutter nicht immer eine Antwort parat haben musst, aber du musst deinem Kind klar mitteilen, wie du zu dir selbst stehst.

Solange du dies tust, ist eure Beziehung eine warme, weil sie persönlich ist. In dem Augenblick, wo du Argumente von außen importierst, Argumente allgemeiner Natur, gibst du unpersönliche, kalte Antworten. Dies ist also die große Aufgabe: uns selbst zu definieren – das heißt, Ja zu sagen, wenn wir Ja meinen, und umgekehrt.

Wenn du nun aber wirklich vermutest, dass es Christinas Mutter zu viel ist, dann ruf diese Frau einfach an und frag sie. Nun kann es sein, dass du sie in Verlegenheit bringst und sie sich aus sozialen Gründen nicht traut, Nein zu sagen; dann braucht sie eben deine Hilfe, um Nein zu sagen. Sie sagt vielleicht: „Nun ja, wir haben zwar andere Pläne, aber vielleicht geht's ja doch!" Dann kannst du ganz direkt und persönlich sagen: „Das ist gar kein Problem, wenn es nicht geht. Es ist für mich okay, wenn du Nein sagst." Und so fühlt sich die Mutter von Christina erleichtert und sagt: „Nein, ein an-

deres Mal!“ – Diese Antwort gibst du an deine Tochter weiter, und damit kann sie etwas anfangen. Ihr habt alle eine authentische Beziehung zueinander.
Wenn du aber nicht aufrichtig bist, dann wirst du Christinas Mutter nicht direkt sagen, was du denkst, sie dir auch nicht, und dann fängt dies komische Versteckspiel an. Du gehst dann zu deiner Tochter und sagst ihr ganz unpersönlich: „Es ist besser, du bleibst hier!“ Aber Kinder wollen immer wissen: „Weshalb? Was hat sie gesagt? Hat sie gesagt, dass ich nicht kommen darf?“ – „Nein nicht ganz, aber …“, du gerätst ins Schleudern. Und dann sagt deine Tochter auch prompt: „Also kann ich gehen!“ – So direkt äußern sich Kinder, und deshalb bist du gut beraten, wenn du genauso klar und deutlich bist in deinen Aussagen. Wenn du ihr dagegen wahrheitsgemäß sagst, warum es nicht geht, wird deine Tochter damit nicht besonders zufrieden sein, aber sie wird es andererseits auch schätzen und sich vielleicht sogar freuen, dass du Zeit mit ihr verbringen willst.
Dies Verhalten ist wärmer und humaner, als von vornherein eine Regel aufzustellen: „Nein, du gehst nicht weg, weil du bereits einmal weg warst,

und wir hatten ausgemacht: Einmal die Woche darfst du anderswo übernachten!" Da gibt es keinen Kontakt, keinen Austausch, keine Entwicklung mehr, nur noch die Regel. Und sehr schnell kann sich dann deine Familie in ein Militärcamp verwandeln!

Vielleicht hat die Mutter in unserem Beispiel Angst, die Tochter könnte sich denken: „Sieh mal an, meine Mutter weiß nicht, was sie will. Sie muss sich das eine halbe Stunde lang überlegen, das ist doch recht schwach!" Das ist ein wichtiger Einwand. Es wird von Eltern immer erwartet, dass sie alles sofort wissen. Und dabei ist es wunderbar, wenn sie vielleicht mal etwas nicht sofort wissen und es sich noch durch den Kopf gehen lassen müssen. Vielmehr – diese ihre Haltung wird der Tochter als gutes Beispiel dienen, wenn sie zum Beispiel in die Pubertät kommt und von ihren Freunden Druck erfährt. Dann wird sie ihnen nämlich auch sagen können: „Ich möchte dir eine Antwort geben, aber ich möchte mich versichern, ob es auch eine gute Antwort ist, also muss ich mir die Antwort noch überlegen." Und diese Antwort zeugt nicht von Schwäche, sondern im Gegenteil von hoher Qualität und Beziehungsfähigkeit!

Dies ist eine neue Rolle, die Eltern einüben müssen: wahrhaftig zu sich selbst zu sein, statt immer nur recht haben zu wollen.

Es gibt so viele Möglichkeiten, Nein zu sagen – der Ton macht die Musik. Wenn du Nein sagst, und dieses Nein auf deiner eigenen Integrität beruht, dann ist es ein freundliches Nein: „Ich weiß, du möchtest, dass ich mitgehe, aber ich sage trotzdem Nein. Ich bin heute zu müde!" Aber es gibt auch ein unfreundliches Nein: „Nein, wie kannst du es wagen, mich zu fragen, du weißt doch, ich bin müde." Beide Male handelt es sich um ein Nein, aber es klingt immer jeweils anders. Nein zu sagen, bedeutet nicht gleich, negativ zu sein. Und wir müssen auch nicht immer recht haben! Wenn die Eltern versuchen, sich zu perfekten Maschinen zu machen, immer einer Meinung zu sein, immer konsequent zu sein, dann präsentieren sie ihren Kindern ein falsches Bild von der Wirklichkeit.

Wir alle machen enorm viele Fehler, und was sollte daran verkehrt sein? Oder auch: Was soll daran verkehrt sein, Kinder spüren zu lassen, dass wir nicht einer Meinung sind oder unterschiedliche Bedürfnisse haben? Ich bin dagegen, dass mein Kind Klavier spielt, wenn ich lese. Meine Frau hingegen findet das wunderbar. Also, was sollte dabei sein, wenn ich es meinem Sohn verbiete und meine Frau es erlaubt? Mein Sohn weiß es dann von klein auf, Menschen sind verschieden, er muss das nicht erst mit dreißig Jahren lernen.

Tipp Nr. 5

Die Grenzen des Kindes respektieren – und die eigenen

Die Integrität eines Kindes zu achten, bedeutet zweierlei: die Grenzen des Kindes zu respektieren und seine elementaren Bedürfnisse anzuerkennen. Die Grenzen des Kindes kannst du kennenlernen, indem du dein Kind einfach nur beobachtest. Von der Geburt bis zum siebten Monat können sie nur dann im Dialog sein, wenn sie in einem sehr intimen Kontakt mit dir sind. Wenn du ein Kind in deinen Armen hältst und nach einer gewissen Zeit guckt es dich nicht mehr an, sondern guckt weg, dann heißt das, dass es ihm reicht. Und wenn du sein Zeichen nicht verstehst oder respektierst, dann wird es als Nächstes den ganzen Kopf von dir abwenden. Und diese Geste heißt gewiss nicht: „Ich will mehr!", sondern: „Ich brauche eine Pause!" Nach einer Pause kannst du dann wieder in Kontakt treten. Wenn du aber auch diese Geste übergehst, dann solltest du dich nicht wundern, dass das Kind anfängt zu schreien. Dies ist eine sehr gute Periode, um beispielsweise selbstkritisch zu verfolgen: Wann tue ich Dinge, um ein guter Vater zu sein, und wann bin ich tatsächlich ein guter Vater, ohne es sein zu wollen? Dein Kind wird es dir sofort signalisieren, wenn du es beobachtest und respektierst. Wenn du es allerdings

nicht respektierst, dann wird es sich komplett in seine innere Welt zurückziehen und sich isolieren, oder es wird ohne Unterlass weinen – das sind dann die sogenannten „Schreier“.
Mit jedem Kind musst du aufs Neue lernen, wo seine Grenzen sind. Manche mögen es, sehr körperlich zu sein, manche nicht: Sie wollen zwar bei dir sein, aber wenn du sie zu fest hältst, gefällt es ihnen nicht. Du als Erwachsener musst beides respektieren und dich je nach dem Bedürfnis des Kindes auf es einlassen. Denn wenn du meinst, du müsstest es immer fest an dich drücken, nur weil dir selbst nach mehr körperlichem Kontakt zumute ist, dann missbrauchst du es.

Authentisch statt höflich sein

Später im Leben lernen wir die Grenzen der anderen kennen, indem wir sie überschreiten. Zu vorsichtig zu sein, ist also nicht angezeigt, aber wir sollten immer dessen gewahr bleiben, was gerade geschieht!

Übrigens gibt es auch da kulturelle Unterschiede: In Dänemark zum Beispiel, wenn ich eine Familie auf der Straße treffe und ich die Kinder bereits kenne, dann werden sie mich anschauen, und die Eltern werden gleich sagen: „Sagst du nicht Guten Tag?“ Die Eltern merken gar nicht, dass sie damit eine Grenze überschreiten, denn die Kinder haben mich angeschaut und haben mir auf diese Weise „Hallo“ gesagt. Ich kenne sie ja und weiß, was sie mir mit ihrem Verhalten mitteilen wollen. Aber die Eltern geraten in Panik, da sie meinen, das würde dem sozialen Standard nicht entsprechen. Aber auf ein „Hallo, nett, dich zu sehen!“ verzichte ich gerne, da sagen mir die Augen der Kinder mehr.

Wenn sich nun dieselbe Situation in Kroatien oder Italien abspielt, wo die Menschen ganz allgemein körperlich zugewandter sind, werden die Eltern die Kinder sogar nötigen, mich zu küssen. Und du kannst es vielen Kindern ansehen, dass sie das gar nicht gerne tun. Also, warum sollten sie mich küssen und warum sollte ich mich von ihnen küssen lassen wollen? Ich bin ja für sie immerhin ein Fremder und das, was von ihnen erwartet wird, ist ein intimer Akt. Aber die Eltern sehen das anders: Für sie gehört es zur Konvention und ist so etwas wie ein soziales Ritual – sie denken sich dabei gar nichts, sind aber sehr erstaunt, von mir zu hören: „Ich möchte nicht, dass mich die Kinder küssen." Damit drücke ich dann auch Folgendes aus: Warum sind wir hier, um ernsthaft miteinander zu reden oder um bloß nett zueinander zu sein?

Kinder müssen eine ganze Armee Tanten und Onkels küssen – warum? Auf diese Weise überschreitet man ihre Grenze, denn Kinder wollen einen Unterschied machen: Den einen Onkel mögen sie, den küssen sie dann auch unaufgefordert, aber den anderen nicht … Und wenn du das bei deinen Kindern beobachtest, dann solltest du es respektieren.

Ich sage nicht, du sollst Kinder nicht berühren und in der Angst schweben, du könntest ihre Grenzen verletzen – nein, berühre sie, aber wenn du von ihnen eine ganz bestimmte Botschaft erhältst, dann beachte sie.

Auch Eltern brauchen Grenzen

Unsere Grenzen als Eltern wollen übrigens ganz genauso respektiert werden. Zunächst überschreiten Kinder unsere Grenzen dauernd. Und es ist wichtig, dass sie dies tun, denn wie sollten Kinder sonst wissen, was Grenzen sind und dass ein jeder von uns Grenzen hat? – Kinder unter acht Jahren wollen am liebsten ihre Eltern 24 Stunden am Tag besitzen. Also musst du ihnen Grenzen setzen und ihnen sagen: „Ich kann mich jetzt nicht mit dir beschäftigen!" Und sie werden nicht locker lassen und wieder und wieder kommen: „Spiel mit mir!" – Und du musst dabei bleiben: „Ich kann jetzt nicht, aber ich spiele sehr gerne später mit dir!" Durch so eine Aussage verletzt man das Kind nicht, man verletzt es nur, wenn man es kritisiert. Die Kinder sind vielleicht enttäuscht oder gar geschockt, aber sie werden es aufnehmen und integrieren. Es ist anders, wenn du sie dafür verantwortlich machst und für schuldig erklärst: „Siehst du nicht, dass ich beschäftigt bin? Wie kannst du nur, du böser Junge?" So verletzt du sie in der Tat.

Ich erinnere mich noch an folgende Situation vor 50 Jahren: Mein Vater kommt von der Arbeit zurück, er setzt sich an den Tisch und liest seine Zeitung. Nun wollte ich aber als kleiner Junge, dass er mir aus meinem Märchenbuch vorliest. Ich gehe also zu ihm hin, bitte ihn darum, und was geschieht? Er schaut mich nicht einmal an, sondern meine Mutter. Und die weiß sofort, was seine Augen mitteilen: „Nimm ihn weg, er stört mich!" Als „gute Frau" hätte sie mich sogar auf dem Weg zu ihm aufgehalten und mir vorwurfsvoll gesagt: „Siehst du nicht, dass dein Vater Zeitung liest? Du darfst ihn nicht stören!" Solche Sätze verletzen! Früher war es gang und gäbe, dass Kinder dafür, dass sie mit den Erwachsenen Kontakt aufnehmen wollten, zurechtgewiesen wurden. Welch eine furchtbare Mitteilung – du hast deinen Vater zehn Stunden nicht gesehen, und jetzt gehst du auf ihn zu und wirst dafür auch noch beschimpft und zum „schlimmen Jungen" gemacht! Wie sollten Kinder da nicht verwirrt sein? Sind Erwachsene nicht recht widersprüchliche Wesen? Sie verlangen von dir, dass du fremde Menschen küsst, aber wenn du dich deinem eigenen Vater nähern willst, erlauben sie es nicht … Die Eltern verhalten sich kalt und distanziert und geben dem Kind das Gefühl, es sei fehl am Platz – und das ist das Schlimmste!

Deshalb ist es so wichtig, eine persönliche Sprache zu entwickeln – statt zu sagen: „Du störst mich!" zu sagen: „Ich möchte dir jetzt nicht vorlesen!" Aber auch Erwachsene haben untereinander Schwierigkeiten, eine persönliche Sprache zu sprechen, und werden sehr schnell unpersönlich. Wenn ein Mann das erste Mal mit einer Frau zusammen ist und mehr von ihr will, als sie geben kann, dann flüchtet sie sich hinter den Satz: „Du kannst das nicht tun …" – „Wieso? Wer bist du denn, dass du mir sagst, was ich machen darf?" Oder sie sagt: „Das macht man mit Frauen nicht so!" – „Welches ‚man' macht das mit Frauen nicht so?" – In so einer Situation können sich Mann und Frau in endlosen Diskussionen verlieren. Hingegen, wenn die Frau ganz persönlich sagen würde: „Ich will das nicht!" Dann gibt es nichts zu diskutieren – keiner hat recht, keiner unrecht. Es ist so, wie es ist! Sie will nicht, und er muss es respektieren.

Es ist sehr wichtig, vor allem im Kontakt zu Kindern, die schließlich von uns lernen, was Grenzen sind und was Empathie bedeutet, dass wir uns von einer sozialen Standardsprache in Richtung persönliche Sprache bewegen.

Tipp Nr. 6

Das Kind wahrnehmen, statt es zu beurteilen

Es ist für uns alle, aber vor allem für Kinder, wesentlich, wahrgenommen zu werden – und es gibt einen Unterschied zwischen „sehen", „begaffen" und „wahrnehmen". Ich möchte ein universelles Beispiel geben – es ist universell zu nennen, da es überall auf der Welt Geltung hat: Ein zweijähriges Kind befindet sich das erste Mal auf der Rutschbahn. Es wird genauso wie alle anderen Kinder auf der Welt ausrufen: „Mama, schau mich an!" Denn genau das ist es, was sie brauchen: wahrgenommen zu werden und nicht bestaunt oder begafft zu werden. Sie brauchen also jemanden, der in Worten oder Taten ausdrückt: „Ja, ich sehe, dass du da bist!" Als Mutter des Kindes auf der Rutschbahn kannst du nun einfach da stehen und deinem Kind zuwinken. Du kannst aber auch „Hey!" oder „Ich sehe dich!" sagen. Oder wenn du wirklich wahrnimmst, wie sich dein Kind das erste Mal auf der Rutschbahn fühlt, dann kannst du ihm auch mehr dazu sagen: „Du hast ja viel Spaß auf der Rutschbahn, aber auch ein bisschen Angst, stimmt's?"

So eine Aussage ist ein großes Geschenk: Du hast deinem Kind geholfen, Worte zu finden für seinen momentanen Zustand in der Welt. – Die meisten Eltern aber fangen an, das Kind zu loben, als ginge es hier um eine Leistung. Sie verwechseln Erfahrung mit Leistung, und kommentieren: „Das hast du toll gemacht!“ Dabei hat das Kind weder etwas getan, was gut, noch etwas, was schlecht sein kann. Es ist einfach hinuntergerutscht und hat dabei innerlich eine ganze Menge erlebt.

Auf die Definitionsmacht verzichten

Es gibt auch Eltern, die, wie aus der Pistole geschossen, immer nur eins sagen: „Gib acht, tu dir nicht weh!“ Oder: „Mach dich nicht schmutzig!“ Egal, was das Kind gerade tut, die Eltern haben nur diese Kommentare parat. Und was sie damit tun, ist ihnen gar nicht bewusst: Sie zerstören die Erfahrung des Kindes, indem sie vom Kind verlangen, dass es ihre Regeln bestätigt, statt dass sie als Eltern die Existenz ihres Kindes bestätigen – und das ist es, was das Kind wirklich bräuchte, um sein Selbstwertgefühl entwickeln zu können.

Erwachsene haben eine tödliche Macht, Dinge zu definieren, ein Ausdruck, den eine norwegische Pädagogin vor fünfzehn Jahren geprägt hat („the adult power of definition“). Erwachsene haben die Macht, Kinder als gut oder schlecht, als hysterisch oder süß „zu definieren“. Aber je mehr du jemanden definierst, umso weniger Raum gewährst du ihm, damit er herausfindet, wer er ist. Wie sollen also Kinder herausfinden, wer sie sind, wenn sie ständig unfair beurteilt werden? Diese Macht der Erwachsenen, alles zu definieren, ist im Grunde

Gift für die Kinder. In der Entwicklung ihres Selbstwertgefühls kann ihnen gar nichts Schlimmeres passieren.
Es geht einfach nur darum, sich an eine neue Sprache zu gewöhnen. Und wenn du damit anfängst, wirst du so viel positives Feedback erfahren, dass du damit nicht mehr aufhören kannst. Wenn du in einer beurteilenden, wertenden Sprache verbleibst, vereinsamst du irgendwann und gerätst nur noch in Konflikt. Wenn du einen persönlichen Dialog führen möchtest, sprichst du über dich und nicht über mich. Wenn du aber anfängst, mich abzuurteilen, dann ist klar: Ich werde es auch tun – und schon ist der Streit da. Wir kämpfen jeweils um unsere Positionen und verlieren dabei den Kontakt zueinander. Jeder überschüttet den anderen mit Vorwürfen, und es ist völlig unproduktiv: Wir lassen zwar Dampf ab, aber verletzen uns auch gegenseitig und sind zum Schluss beide unglücklich und keineswegs geheilt.
Genau dasselbe geschieht zwischen Eltern und Kindern. Eltern beurteilen sie ständig, sagen ihnen, was sie gut oder schlecht finden. Der einzige Unterschied ist, dass Kinder in den ersten neun Jahren ihres Lebens tatsächlich glauben, dass ihre

Eltern recht haben, dass sie die besten Eltern der Welt sind – ganz egal, ob sie ihre Kinder als positiv oder negativ „definieren“.

Einer meiner ersten Klienten, der jeweils fünfzehn Mal innerhalb von zwei Jahren zu mir kam, ein Kind wohlhabender Eltern, der in allen Lebensbereichen erfolgreich war, sich aber selbst nicht ausstehen konnte, hat es in einer der Sitzungen sehr gut auf den Punkt gebracht: „Meine Eltern haben mir immer gesagt, wie wunderbar ich bin, aber sie haben mir keine Substanz mit auf den Weg gegeben.“ Sie haben ihm ein schönes Label verpasst, aber dies Label hatte keinen Inhalt. Wie soll er sich wunderbar fühlen? Wie fühlt sich so etwas an? Das Label hilft ihm nicht, diese Frage zu beantworten. Die Eltern haben es wohl gut gemeint, ihn mit einem positiven Label zu versehen, aber ein Label bleibt ein Label, ob negativ oder positiv – es hat keine Tiefenwirkung und stabilisiert das Kind nicht wirklich. Für ein solches Kind ist es sehr schwierig, ein gutes Selbstwertgefühl zu entwickeln.
Ich sage nicht, dass Eltern das Verhalten der Kinder niemals beurteilen sollen, natürlich kann man

dem Kind sagen, dass es schlecht ist, die heiße Herdplatte anzufassen. Aber man sollte zwischen „Wie sich ein Kind verhält“ und „Wer das Kind ist“ unterscheiden. Denn Eltern denken darüber gar nicht oder recht kurzschlüssig nach: Wenn das Verhalten nicht in Ordnung ist, ist das Kind nicht in Ordnung! Und das ist ein Fehlschluss. Das Kind ist kein böses Kind, nur weil es sich überzeugen wollte, ob die Herdplatte tatsächlich heiß ist. Wenn du ihm das aber so vermittelst: „Du bist böse!“, machst du es dem Kind sehr schwer, sein Selbstwertgefühl zu entwickeln.

Willst du, dass ein Kind sein Selbstwertgefühl entwickelt, dann sprich eine persönliche Sprache.

Eltern können ganz simpel sagen: „Ich will nicht, dass du das und das tust!“ Damit sagst du dem Kind, was du willst, es hat also die Gelegenheit, dich besser kennenzulernen, und sein Selbstwertgefühl kann sich entwickeln: Es weiß, es ist in Ordnung, wie es ist!

Was ich damit allerdings nicht meine, ist, dass Kinder einfach wunderbar sind und alles tun sollten, wozu sie gerade Lust haben. Aber sie dauernd zu kritisieren und zu korrigieren, als würden sie nichts gut genug machen, das hilft ihnen keinen Schritt weiter – und auch den Erwachsenen nicht. Die können nämlich auf diese Weise ihr mangelhaftes Selbstwertgefühl auch nicht aufpäppeln.
In persönlichen Beziehungen sollte es immer möglich sein, dein Unbehagen oder deine Unzufriedenheit auch anders auszudrücken, als bloß indem du den anderen zurechtweist. Was du nämlich dabei machst, ist, dich auf den Thron zu setzen – und das geht nur auf Kosten des anderen.

Das Merkwürdige ist, das stelle ich immer wieder mit Erstaunen fest, dass Eltern in den ersten zwölf Monaten des Kindes sehr eifrig dabei sind, herauszubekommen, wer dieses Kind ist. Wenn es weint, wollen sie wissen, warum. Wenn es sich freut, ebenfalls ... Also haben Erwachsene großes Interesse daran, zu wissen, ob es ihrem Kind gut geht oder nicht. Sie sind sehr neugierig auf jede seiner Reaktionen. Aber nach diesen ersten paar Monaten verlieren Eltern plötzlich dieses Interesse, und sie fangen an, das Kind zu „definieren" – sie fangen an, jede seiner Taten zu beurteilen, und sind nur noch am Korrigieren. Erwachsene haben demnach ein Problem, mit den Kindern in Kontakt zu bleiben. Sie wollen zwar wissen, wie es ihnen geht, fragen aber dann nicht: „Wie geht es dir?", sondern: „Was ist heute los mit dir?" Das heißt, sie geben dem Kind das Gefühl, es sollte sich gefälligst anders verhalten – denn so ist es nicht in Ordnung. Sie warten gar nicht ab, dass das Kind ihnen etwas erzählt, sondern schießen gleich los. Ich meine, es steckt eine tiefe Wahrheit in dem Sprichwort: „Du machst Kinder böse, indem du sie für böse erklärst."

Je mehr Eltern ihre Kinder definieren,
umso weniger lernen sie über sie.

Tipp Nr. 7

Aggressionen und negative Gefühle zulassen

In vielen Lebenssituationen tun Eltern alles, um friedlich zu sein, damit die Kinder in einem harmonischen Zuhause aufwachsen können. Aber es ist nicht angebracht, vor Kindern Konflikte zu vermeiden, „negative“ Gefühle zu verdrängen, ihnen eine heile Welt vorzumachen.
Aggressionen zum Beispiel sind für mich gar keine negativen Gefühle. Ich weiß nicht, wie es kam, dass sie zu negativen Gefühlen gemacht worden sind: Sie sind Signale, die zeigen, dass etwas los ist – was würden wir ohne sie tun?

Viele Eltern sind sehr darauf bedacht, Konflikte und Auseinandersetzungen zwischen den Kindern zu unterbinden. Auch im Kindergarten werden oft Regeln aufgestellt, die es den Kindern verbieten sollen, zu raufen oder sich zu streiten. Ich meine, dass in den Familien, im Kindergarten, aber auch in vielen Therapien und alternativen Richtungen wie der Öko-Szene nur sogenannte „weibliche“ Werte den Sieg davongetragen haben, wogegen nichts einzuwenden ist – aber sie lassen den Kindern zu wenig Entfaltungsraum. Und es ist keine gute Idee, Aggressionen zu unterbinden, denn das ist so, als würdest du den Zigarettenqualm verbergen wollen, damit das Leuchtsignal nicht anspringt. Mit anderen Worten: Du versuchst, ein Symptom loszuwerden, statt zu fragen, was sich dahinter verbirgt.

Die meisten Kinder – egal, ob zu Hause, im Kindergarten oder in der Schule – sind tatsächlich fähig, ihre Konflikte selbstständig zu bewältigen, sie brauchen die Supervision der Erwachsenen nicht. Die Idee der Erwachsenen, alle Konflikte in einer vernünftigen Weise zu klären, ist zwar nett, aber unrealistisch. Du kannst als Erwachsener wünschen, dass deine Kinder, wenn sie 20 Jahre alt sind, ihre Probleme ausdrücken und mit ihnen umgehen können, das kann ein lobenswertes pädagogisches Ziel für deine Arbeit sein. Aber wenn du das von fünf- oder sechsjährigen Kindern verlangst, ist das schlichtweg unmöglich.

Und noch etwas Wichtiges: Alle Konflikte, die im Leben von Bedeutung sind, werden in einem aggressiven Ton hervorgebracht. Unseren Ärger, unseren Frust, unsere Wut müssen wir zunächst ausdrücken, um sie dann verwandeln zu können – wir brauchen diese Emotionen genauso, wie wir das Glück und die Zufriedenheit brauchen, um die Realität zu verdauen. In jeder Liebesbeziehung kann man das beobachten: Ein Paar kann erst dann vernünftig über einen Konflikt sprechen, nachdem es diesen Konflikt mehrere Male in einer völlig irrationalen Weise ausgelebt hat.

Was viele Frauen heute tun, ist etwas, was früher getan wurde, um ihre Urgroßmütter und Großmütter kleinzuhalten – und sie merken es gar nicht. Die erste psychiatrische Diagnose war die Hysterie: Frauen, die als hysterisch abgestempelt wurden, waren Frauen, in denen so viele Emotionen mit einem Mal aufkamen, dass sie vor lauter innerem Druck überreagierten – sie galten sofort als Hysterikerinnen, das heißt als nicht mehr weiter ernst zu nehmende Personen. So wurden Frauen und Töchter von ihren Ehemännern und Vätern über Jahrzehnte kleingehalten: „Wenn wir darüber nicht ruhig sprechen können, dann hat es keinen Sinn, sich zu unterhalten!" – Und was machen Frauen heute? Sie halten genau diese Werte, mit denen sie auf eine subtile Weise unterdrückt worden sind, hoch – man möge sich friedlich und ruhig und sanft mit ihnen unterhalten. Sie erwarten dies von ihren Männern, Kindern und Enkelkindern – und das ist für mich schockierend!

Wut und Aggression anerkennen

Ein norwegischer Regisseur hatte mal eine wunderbare Idee für einen Dokumentarfilm. Er zog durch die Lande, um Kinder zu befragen – seine Frage lautete: Wie erleben Kinder Machtausübung seitens der Erwachsenen? Ich wurde danach von ihm gebeten, mir diese Interviews anzuschauen und sie zu kommentieren. Ich erinnere mich an eine Antwort eines fünf Jahre alten Mädchens. Auf die Frage: „Was ist das Schlimmste für dich, was Erwachsene im Kindergarten beschließen?", antwortete sie, nachdem sie eine ganze Weile nachgedacht hatte: „Das Schlimmste ist, dass sie uns nicht erlauben, sauer zu sein." Und dies hat den Interviewer sehr erstaunt, sodass er nachhakte: „Aber ist das wirklich wahr, ist es nicht erlaubt, dass du sauer bist?" Das Mädchen dachte wieder lange nach: „Ja. Aber wenn ich einen Grund habe, möchte ich sauer sein!" Der Interviewer meinte, sie sei nun fertig, aber der Kameramann schwenkte die Kamera nicht weg, denn er hatte wohl den Eindruck, dass sie noch etwas sagen möchte. Und nach dreizehn Sekunden, was für ein Video sehr lang ist, fügte sie tatsächlich noch etwas Entscheidendes hinzu: „Und die Erwachsenen entscheiden darüber, ob mein Grund gut ist oder nicht.“

Wenn man als Erwachsener versucht, Aggression zu verbieten, werden die Kinder eine Zeitlang mit dir kooperieren, aber wenn sie dann sechzehn Jahre alt sind, ist es vorbei, dann explodieren sie. Diese weibliche Attitüde, nicht aggressiv reagieren zu wollen, kann also verheerende Konsequenzen haben. Das heißt, wir müssen sie gerade heute ausbalancieren, indem wir Kindern ganz bewusst Raum geben, ihre Konflikte selber auszutragen.

Früher, in meiner Generation beispielsweise, gab es die Möglichkeit, einige Stunden im Wald oder auf der Straße mit den Nachbarkindern zu verbringen, ohne dass Erwachsene dabei waren. Es gab niemanden, der uns überwachte, wir mussten uns unter uns arrangieren, Hierarchien bestimmen, die Probleme lösen – und ich meine, wir haben das ganz gut gemeistert, selbst wenn es manchmal ein blaues Auge gab. Aber auch das ist im Leben notwendig.

Natürlich müssen Eltern manchmal in Konflikte eingreifen, zum Beispiel, wenn es im Streit zwischen Geschwistern so aussieht, dass der Jüngere physisch gefährdet ist, wenn beispielsweise der Ältere mit dem Hammer auf ihn losgeht. Ich sage gewiss nicht, dass sich Erwachsene nicht um ihre Kinder kümmern sollen. Was ich Erwachsenen mitteilen möchte, ist lediglich: Macht eure Kinder nicht schlecht, weil sie Aggressionen haben! Denn das ist es, was sie unter anderem von euch lernen müssen, wie sie damit umgehen können.

Du kannst zum Beispiel einem kleinen Jungen, der auf seine kleine Schwester wütend ist, nicht böse sein. Er ist seit drei Stunden mit seinen Legosteinen beschäftigt und baut ganz konzentriert einen tollen, hohen Turm. Seine kleine Schwester steht seit fünfzehn Minuten neben ihm und schaut ihm neugierig zu. Sie will plötzlich auch mitmachen, wirft aber dabei den ganzen Turm um. Natürlich ist der kleine Junge stinksauer, warum auch nicht? Seine dreistündige Arbeit war umsonst – sie hat alles zunichte gemacht. All das, was er gemacht hat, hat nun keinen Wert mehr, klar ist er nun aggressiv. Was ihm die Eltern in so einer Situation sagen, ist meist Folgendes: „Du musst deine kleine Schwester verstehen. Sie wollte ja nichts Böses anrichten!“ Aber das ist kein guter Einfall. Es wäre besser, ihm mitzuteilen: „Ich kann es verstehen, dass du böse bist auf sie – das war ja auch ein wunderschöner Turm. Aber bring sie nun deswegen nicht gleich um. Wir beide müssen uns darüber unterhalten, wie du dich in solchen Fällen vor deiner Schwester schützen kannst und wie ich dir dabei helfen kann. Sie wollte deinen Turm bestimmt nicht zerstören, aber das ist halt passiert!" Das wäre eine fruchtbare Intervention, der kleine Junge erfährt, dass er, wie wir alle, lernen muss, seine Grenzen zu verteidigen. Aber sich vor ihn hinzustellen und ihm zu sagen: „Du bist ein großer, vernünftiger Junge und musst deine kleine Schwester verstehen!" – das ist unproduktiv!

Den Umgang mit negativen Gefühlen vorleben

Woran sich Erwachsene immer wieder erinnern sollten, ist, dass Kinder nicht von dem klüger werden, was du ihnen sagst. Du kannst sie belehren, so viel du willst, es wird sie nicht besonders tief berühren oder beeindrucken – vielleicht folgen sie dir sogar aufs Wort, aber sie sind trotzdem innerlich nicht davon überzeugt. Überzeugen kannst du sie nur durch dein Handeln. Sie lernen mehr von dir, indem sie dich beobachten. – Wenn du zum Beispiel deine Frühlingsblumen gerade gepflanzt hast und dein Mann wenige Minuten später mit dem Rasenmäher kommt und darüber hinweg fährt, dann hoffe ich, dass du böse wirst. Du musst durch diese Frustration hindurchgehen, und du kannst das gar nicht anders als laut machen, sonst würdest du von dir selbst erwarten, ein Übermensch zu sein. Wie solltest du ihn, wo er gerade deine Blumen niedergewalzt hat, lächelnd anschauen und mit viel Liebe in deinen Augen zu ihm sagen: „Ich verzeihe dir!" – Niemand ist so, es sei denn Großeltern, die bringen dieses Kunststück ab und zu fertig, ruhig und gelassen zu bleiben. Aber auch nur, weil sie ein ganzes Leben hinter sich gebracht haben, in dem sie gelernt haben, mit Aggressionen, Konflikten, Auseinandersetzungen umzugehen. Sie haben dafür achtzig Jahre gebraucht, also kannst du nicht erwarten, dass ein achtjähriger Junge diese Weisheit hat. Er muss seinen Weg selber durch all das hindurch finden.

Als Erwachsene meinen wir immer, den Kindern ein gewisses Leid ersparen zu können, wenn wir sie über die Folgen eines bestimmten Handelns unterrichten. Sie müssen aber ihre eigenen Erfahrungen machen. Wenn du zum Beispiel eine achtzehnjährige Tochter hast und sie hat sich in einen fünfundzwanzigjährigen Mann unsterblich verliebt, und du versuchst ihr nun klar zu machen, dass dieser Mann nicht zu ihr passt – das haut nie und nimmer hin. Im Gegenteil: Je mehr du betonst, wie unpassend das alles ist, umso mehr wird sie sich zu ihm hingezogen fühlen. Denn sie selbst muss ihre Schlussfolgerung aus dieser Begegnung ziehen, nicht du für sie.

Und wir wissen das auch alle: Es ist schrecklich, aber es ist wahr, jeder muss das Leben leben, um es zu verstehen. Aber was Eltern und Erzieher noch immer versuchen, ist, die Kinder vor dem Leben zu schützen: Die armen Kinder sollen sich nicht verletzen, nicht traurig sein ... Was sie dabei tun, ist: Sie schaffen ein künstliches Paradies für die Kinder, das dann die Kinder letztlich unglücklich macht, weil sie dabei lebensunfähig werden.

Tipp Nr. 8

Selbstbewusstsein vermitteln – keine leeren Lobeshymnen

Das Selbstbewusstsein – sich seiner selbst bewusst sein – ist so etwas wie eine Funktion des Selbstwertgefühls. Kinder und Jugendliche zum Beispiel haben heute mehr Selbstbewusstsein: Sie sind sich ihrer Existenz gewahr. Aber das heißt noch lange nicht, dass sie auch ein gutes Selbstwertgefühl haben. Diese jungen Menschen wissen heute, dass sie einen Wert haben – einfach weil sie menschliche Wesen sind. Und das macht mich sehr glücklich, zu sehen, wie sie mit erhobenem Kopf auf der Straße herumlaufen, während meine Generation mit gesenktem Kopf schüchtern entlang den Mauern ging. Früher hat man es jungen Menschen eingebläut, dass sie nur, wenn sie brav sind, eine Existenzberechtigung haben. Und dass sie wie alle Kinder auf dieser Welt vieles anstellten, was nicht als „brav" gelten konnte, war klar, sodass sie sich ständig schuldig fühlten und den Blick verschämt auf den Boden richteten.

So werden zum Beispiel Jugendliche, die einen Amoklauf begangen haben, meist als unauffällig, angepasst, nett, anständig beschrieben. Und natürlich: Sie kommen aus guten Familien, die ein gutes Verhältnis zu allen Nachbarn haben. Was aber typisch für „gute Familien“ – vor allem für die amerikanischen – ist, dass sie die ganze Zeit Loblieder auf ihre Kinder anstimmen. Und was diese Kinder dann entwickeln, ist kein gesundes Selbstwertgefühl, sondern sie werden zu angeheizten, aufgeblasenen Egos. Da braucht nur eine Kleinigkeit vorzufallen, und schon lösen sich diese Egos in nichts auf. Eine kleine Enttäuschung, dass die Zensuren nicht gut genug sind, dass er nicht ausgewählt wurde fürs nächste Fußballspiel und so weiter, das reicht diesem jungen Menschen, um in Wut auszubrechen. Diese Kinder wurden zwar dauernd gelobt und mit großen Worten betört: „Du bist wunderbar! Ganz erstaunlich, was du da machst! Wie fantastisch du bist!“, aber sie haben keine Wärme und authentische Nähe erfahren. Mit anderen Worten: Diese Kinder sind von ihren Eltern konsequent betrogen worden.

Persönliche Reaktion statt leeres Lob

Mich persönlich macht es immer sehr traurig, wenn mir jemand ein positives Label verpasst: Ich fange an, innerlich zu weinen, weil das ein Label ist, das mich schmerzhaft daran erinnert, wie sehr ich mich nicht wahrgenommen gefühlt habe. Es war der Fehler meiner eigenen Therapeuten, dass sie meinten, ich müsse lernen, Lob zu akzeptieren. Aber nicht das war der Punkt, sondern der, dass ein solches Label völlig ohne Inhalt daherkommt und dich nichts als einsam macht. Wenn mir jemand sagt: „Du bist toll!“, dann sagt er damit gar nichts aus. Es hat keinen Wert. Es ist nicht leicht, sich das stets zu vergegenwärtigen, dass man dabei im Grunde nichts gesagt hat. Wenn ich dies zum Beispiel Lehrern oder Eltern beibringen möchte, dann mache ich immer folgenden Vergleich: Stell dir vor, dass dein bester Freund Künstler ist. Du hast ihn sehr lange nicht mehr gesehen, und nun lädt er dich auf eine Vernissage ein, wo er seine neuesten Bilder präsentiert. Und nun gehst du da hin, und er fragt dich, wie du seine Bilder findest. Es ist doch ganz klar, dass er weder übertriebenes Lob noch eine niederschmetternde Kritik hören

möchte, sondern er möchte als dein alter Freund wissen, was dir seine Bilder sagen, was sie in dir auslösen. Er will eine persönliche Reaktion, selbst wenn die dann vielleicht ganz knapp lautet: „Entschuldige, deine Bilder sagen mir gar nichts!" Diese Antwort ist aber für ihn okay. Der Satz „Ganz toll, was du da machst!" wäre es hingegen nicht. Und wenn du genügend persönliche Reaktionen erhältst, kannst du dann auch irgendwann selber entscheiden, ob du gut bist oder nicht.
So auch, wenn ich einen Vortrag halte. Wenn mir einer sagt: „Du bist ein brillanter Redner!", gibt mir das gar nichts. Wenn aber jemand wiederkommt und mir sagt, dass der und der Satz von mir etwas in seinem Leben verändert hat, dann weiß ich, ob ich ein „guter oder schlechter Lehrer" war. Das ist der wesentliche Unterschied!

Es ist sehr wichtig, zu wissen, dass Lob Kindern keine Qualität vermittelt. Und Kinder ab dem sechsten oder siebten Lebensjahr sind sehr realistisch: Sie wissen, wie gut sie sind, denn sie vergleichen sich mit ihren Freunden. Wenn sie also einen Aufsatz schreiben, wissen sie, dass ihr Aufsatz nicht so gut ausgefallen ist wie der ihres Banknachbarn.

Wenn sie nun nach Hause gehen und die Eltern sagen: „Wie toll dieser Aufsatz ist, den kopieren wir gleich und schicken ihn an alle Verwandten!“, dann weiß das Kind, dass dies nicht wahr ist. Es weiß: „Meine Eltern loben mich jetzt so, weil sie mich lieben, und das ist okay! Aber ich weiß, dass dieser Aufsatz nicht gut ist.“

Selbstwertgefühl hat ein Mensch, der einen nüchternen, akzeptierenden und nuancierten Blick auf sich selbst zu werfen vermag.

Und dies hat nichts damit zu tun, wie es in der Ratgeberliteratur aus Amerika heißt: „Stell dich jeden Tag vor den Spiegel und sag fünf Minuten lang: Ich bin toll!“ – Nein, das ist es nicht. Das ist eher Selbsthypnose und kann niemandem wirklich helfen.

In diesem Zusammenhang sind die Kategorien „gut/böse“ überflüssig. Menschen sind weder gut noch böse – Menschen sind! Kinder sind weder gut noch böse – sie sind! Und ich habe weder gute noch schlechte Eltern kennengelernt, aber ich habe viele Eltern kennengelernt, die ihr Bestes tun, um gute Eltern zu sein. Ich meine, wir müssen das endlich begreifen: Wir sind Wesen, die sich in Beziehungen befinden.

Dazu möchte ich ein Beispiel anführen: In einem der dreijährigen Trainingsprogramme in Dänemark gibt es eine Frau, die gleich im ersten Jahr schwanger wurde und sich kurz danach scheiden ließ. Es blieb ihr nichts anderes übrig, als ihr sieben Monate altes Baby mitzubringen. Und für mich ist dieser kleine Junge der beste Beweis dafür, dass Kinder als soziale, auf andere bezogene Wesen zur Welt kommen. Er saß inmitten der Gruppe auf dem Boden und spielte mit allen möglichen Spielzeugen. Klar geschah es im Fünfzehn-Minuten-Takt, dass er sich mit irgendetwas wehtat. In solchen Momenten richtete er sich auf und schaute seine Mutter an: Wenn er nun beobachtete, dass seine Mutter gerade beschäftigt war – sie unterhielt sich mit jemandem oder sie dachte angestrengt nach –, dann hat er sich an den nächsten Menschen gewendet und dann weiter an den nächsten und so weiter, bis er jemanden entdeckte, der für ihn zugänglich war. Dort ist er hingekrabbelt, derjenige hat ihn auf den Schoß genommen, der Kleine hat ein bisschen geweint und ist wieder zurück zu seinen Spielsachen. Wenn er allerdings Hunger bekam, dann schaute er seine Mutter so lange an, bis sie ihn wahrnahm, denn dafür ist nur sie als Einzige geeignet. Dieser Junge hat sich besser in einer Gruppe verhalten, als die meisten Erwachsenen es tun. Warum? Weil seine Mutter Vertrauen in ihn hatte: Er kann sich sozial verhalten. Klar fühlte sie sich am Anfang etwas schuldig, ihr Kind könnte eventuell die anderen stören. Aber nachdem das in der Gruppe offen diskutiert wurde und alle einverstanden waren, dass der Kleine dabei sein darf, fühlte sie sich wohl damit. Hätte sie sich nun aber weiterhin schuldig gefühlt und gemeint, ihr Sohn würde die anderen stören, wäre es auch genauso gekommen: Es wäre ihm genauso unangenehm geworden wie seiner Mutter. Er kann sich deshalb so sozial verhalten, wie er sich verhält, weil sich seine Mutter mit so viel Vertrauen auf ihn bezieht – der Bezug der Mutter hat also eine hohe Qualität. Alles, was sie wissen muss, ist, dass sie ihrem kleinen Sohn dies am Ende jeden Tages bestätigen sollte, indem sie ihn umarmt und ihm sagt: „Ich freue mich, dass du dich in dieser Gruppe gut fühlst, denn so kann ich weiterlernen und -arbeiten!“ Auch wenn das Kind die Worte nicht begreift, er versteht ihren Ausdruck. Er muss nicht jedes einzelne Wort verstehen. Aber der Ausdruck der Mutter ist ein Feedback, das sein Selbstwertgefühl wachsen lässt. Er fühlt sich wertvoll für seine Mutter. Meist reagieren aber Mütter automatisch mit Sätzen wie: „Du bist so ein süßer, braver Junge. Mutter liebt dich so sehr!“ Und damit wird er kategorisiert. Er wird in so einem Fall zwar auch sehr glücklich sein – aber für seine Mutter und nicht für sich selbst. Das ist der Unterschied!

Tipp Nr. 9

Erziehung braucht Beziehung

Wenn Eltern feststellen, dass Kinder sich nicht so entwickeln, wie sie es sich vorstellen, oder dass sie sich schlecht benehmen, dann meinen viele, es würde reichen, jemanden zu bitten, die Kinder zu „reparieren“. Dass das Verhalten der Kinder vielleicht etwas mit ihnen zu tun haben könnte, übersehen sie gerne. Aber wenn du wirklich möchtest, dass sich dein Kind verändert, musst du dich in erster Linie als Erwachsener verändern – und das heißt nicht nur neue Methoden oder Techniken einführen, sondern du selbst musst anfangen, an dir zu arbeiten. Diesbezüglich bin ich aber recht zuversichtlich: Die Anzahl jener Eltern, die diese Tatsache anerkennen, wächst erheblich.
Es gibt allerdings auch eine neue Gruppierung von jungen Eltern, die so sehr damit beschäftigt sind, Geld zu verdienen, und die diesbezüglich einen abnormen Ehrgeiz entwickeln, dass sie tatsächlich meinen, sich auch ihr Familienglück und ihre Gesundheit mit Geld erkaufen zu können. Sie sind bereit, große Summen zu zahlen, nur damit ihr Kind irgendwo gut untergebracht ist, und wenn es dann Probleme gibt, wollen sie die „schwierigen“ Dinge möglichst rasch weghaben und zahlen dafür, was immer es kosten mag.

Mein Ehrgeiz ist es, Eltern wahrzunehmen: mit ihnen eine gewisse Zeit zu verbringen, um ihnen dann mitzuteilen, was ich beobachte und auf sie zukommen sehe. Worauf ich dabei immer achte, ist, wie ich meine Mitteilungen verpacke, damit meine Worte sie in der Tat erreichen und sie sich darin wiederfinden. Um einen Veränderungsprozess in Gang zu setzen, ist es wesentlich, die Eltern nicht zu verurteilen, sie nicht schlecht und schuldig zu machen. Damit erreicht man gar nichts, außer dass sie sich ausgesetzt fühlen. Nachdem ich den Eltern meine Wahrnehmungen mitgeteilt habe, erwähne ich einige Möglichkeiten, wie sich ihr Familienklima verändern könnte, und ich mache auch kein Hehl daraus, dass ich möglicherweise eine von den Möglichkeiten bevorzuge … Sie dürfen dann entscheiden, ob und wie wir weiterarbeiten, denn der erste entscheidende Schritt ist, dass sie sich daran gewöhnen, selber Verantwortung zu übernehmen.

Im Dänischen kann man mit dem Wort „erziehen" zweierlei ausdrücken: „erziehen" im herkömmlichen Sinne von „korrigieren, maßregeln", aber auch „erziehen" im Sinne von „großziehen", und das heißt: jemandem helfen, erwachsen zu werden, ihn ins Leben „hineinziehen“. Und diese zweite Bedeutung von „erziehen“ ist mir sehr sympathisch.

Die Entwicklung begleiten

Ich bin keineswegs der Meinung, dass Kinder nicht erzogen werden sollten, aber ich meine damit nicht, dass Erwachsene Kinder dauernd korrigieren, sondern ich meine, dass Erwachsene sie ins Leben hinein begleiten können – und dafür brauchen Eltern sehr viel Geduld und Offenheit! Erziehung ist nicht nur aufbauend, sondern sie kann auch sehr zerstörerisch wirken, wenn sie in einem hierarchischen Sinne betrachtet wird: Ich als Vater bin oben und habe immer recht! So kann keine Beziehung zwischen Erwachsenen und Kindern gedeihen. Und wenn man Dinge verändern will, dann braucht man Zeit. Man muss Dinge loslassen können – zum Beispiel, wenn wir, meine Frau und ich, über das Benehmen unseres Sohnes erstaunt und entsetzt waren, haben wir es uns zur Gewohnheit gemacht, diesen Tag im Kalender rot anzukreuzen. Dann haben wir einen bestimmten Zeitpunkt festgelegt und uns gedacht, wenn er sich bis dahin nicht verändert hat, dann müssen wir etwas unternehmen. Und es war tatsächlich jedes Mal so, dass sich immer etwas verändert hat – und eine Intervention überflüssig wurde. Dies hat sich bei uns öfters bewährt: nicht gleich handeln, geschweige denn mit Strafen drohen oder gar bestrafen, sondern erst mal abwarten. Im Deutschen gibt es ein Sprichwort, das hierzu gut passt:„Gut Ding braucht Weile“.

Das merkt man auch bei Erwachsenen, die sich in therapeutischer Behandlung befinden. Klar gibt es Fälle, in denen sich eine echte Veränderung blitzartig einstellt, aber bei den meisten dauert der Prozess bis zu fünfzehn Jahren. Und deshalb finde ich es absurd, wenn Eltern die Vorstellung haben, ihre Kinder müssten sich sofort ändern, nur weil sie es sich so wünschen. Statt „Erziehung“ – einem Begriff, der Einseitigkeit beinhaltet – müssten wir eine Terminologie finden, die sofort deutlich macht und klar anzeigt, dass es sich um einen gegenseitigen Prozess des Einwirkens aufeinander handelt, dass beide Seiten, die sich in Interaktion befinden, „erzogen“ werden.

Erziehung ist zu einem großen Teil Beziehung.

Beziehung ist insofern ein guter Begriff, als er die Gleichwertigkeit zwischen Eltern und Kindern betont – worauf es tatsächlich ankommt –, nur meine ich nicht, dass die Erwachsenen die Führung abgeben sollen: Kinder kommen zwar mit sehr viel Weisheit, aber sehr wenig Erfahrung zur Welt, sodass sie der Führung durch die Erwachsenen bedürfen. Kinder, denen diese Führung nicht zuteil wird, sind sehr unglücklich und sie bleiben es, auch wenn sie älter werden. Ich habe beispielsweise mit Menschen gearbeitet, die in einem Kibbuz groß geworden sind. Sie waren alle nicht besonders glücklich. Im Kibbuz ist es nicht erlaubt, die Elternrolle zu übernehmen: Die Gemeinschaft tut das. In Kopenhagen habe ich mal mit einem Paar, beide Mitte 30, gearbeitet, die sich noch Jahre danach bei mir bedanken wollten, und ich wusste gar nicht, wofür … Sie haben mir erzählt, dass sie beide in einem Kibbuz aufgewach-

sen sind und überzeugt waren, keine guten Eltern sein zu können, sodass sie sich gegen Kinder entschieden hatten. Nach dem therapeutischen Prozess aber haben sie den Entschluss und Mut gefasst, doch welche zu bekommen.
Kinder brauchen eine Führung, aber nicht die, die wir ihnen bislang angeboten haben. Sie brauchen eine kontinuierliche Begleitung und keine militärische Oberaufsicht.

Selbst wenn wir uns von der Familie befreien wollen, es wird nicht möglich sein: Sie ist nicht nur ein gutes Modell, sie ist vielmehr für das Kind ein existentiell notwendiges.

Ich habe mit meiner ersten Frau und meinem Sohn bis zu seinem achten Lebensjahr in einer Kommune gelebt. Und ich werde den Tag, an dem wir ausgezogen sind, nie vergessen: Mein Sohn war so froh, obwohl er sich bis dahin nie beklagt hatte.

In einer solchen Gemeinschaft haben Kinder zwar mehr Gesprächspartner. Aber ich weiß nicht, ob sie sich schneller entwickeln. Es ist sicher für Erwachsene, die keine Verantwortung übernehmen wollen, sehr bequem, aber das, was die Familie dem Kind gibt, kann weder eine Kommune noch ein Nachbar ersetzen. Es gibt für die Familie keine Alternative.

In der Familie entwickelt sich der innere Halt des Kindes – das heißt: das Selbstwertgefühl, jene Stimme in uns, die sagt: „Okay, die Welt ändert sich, die Menschen auch, aber zumindest weiß ich, was ich mir selbst bedeute!" Wenn dem so ist, dann können wir getrost in die Zukunft blicken und nicht jeden Tag aufs Neue schockiert, sondern jeden Tag aufs Neue überrascht sein. Wenn wir zum Beispiel in einer Partnerschaft leben, können wir uns sagen: „Ich bin gespannt, wer sie heute ist!" Das bedeutet: offen sein. Mit dieser Haltung lädst du jeden in deiner Umgebung ein, sich auch zu öffnen, und schaffst eine Atmosphäre, in der sich jeder frei entfalten kann – und das wiederum ist für Kinder sehr wichtig. Viele Eltern behaupten nämlich, sie würden ihre Kinder kennen, aber damit meinen sie nur: „Ich kenne sie besser, als sie sich selbst kennen, deshalb darf ich sie bevormunden!“ Im Grunde kennen sie nur ihre äußere Seite, und auch die besteht zu 80 Prozent aus Projektionen der Eltern.

Sicher kennt man ein Kind gut, wenn man über Jahre hinweg mit ihm zusammengelebt hat. Zu sagen, du würdest sie ganz und gar kennen, ist aber falsch. Du kennst sie so, wie sie sich dir gegenüber verhalten, aus den familiären Situationen, du kennst ihre spontanen Reaktionen auf ganz bestimmte Dinge, aber du kennst sie nicht in ihrer Ganzheit, das ist unmöglich, und es wäre vermessen, dies zu behaupten oder sie zu beraten.
Eltern können zwar durchaus Ratgeber für ihre Kinder sein, aber nicht indem sie sich aufs Podest stellen und sagen: „Du musst dies oder das tun, denn ich kenne dich! Niemand kennt dich so gut wie ich!” Wäre es nicht angemessener zu sagen: „Schau, so wie ich dich kenne, meine ich, dass dies oder das nicht sehr zu dir passt …“? Mit so einem Satz habe ich ausgedrückt, dass ich einen persönlichen Bezug zu meinem Kind habe und dass ich es aufgrund unserer Beziehung kenne und nicht, weil ich über ihm stehe. Das entspricht überhaupt

nicht der Wahrheit und muss auch total unpersönlich auf es wirken, sodass ihm nichts anderes übrig bleiben kann, als zu protestieren.

Tipp Nr. 10

Kinder die Liebe spüren lassen

Wenn wir ein Kind bekommen, kennen wir es nicht: Wir wissen nicht, wie dies Kind liebt und wie es geliebt werden möchte. Auch Kinder müssen in einer unterschiedlichen Art geliebt werden, denn sie sind unterschiedlich. – Wenn ich also merke, dass ein Vater sein Kind verletzt hat, ihm dann aber sagt: „Ich habe dies ja nur getan, weil ich dich liebe!“, dann muss ich ihn darauf hinweisen: „An deiner Liebe ist nichts auszusetzen, ich hinterfrage sie gewiss nicht, aber ich hinterfrage dein Verhalten: Wenn du dein Kind so behandelst, läuft es immer weg, es kann dein Verhalten nicht als Liebe erkennen. Es hat eine andere Erfahrung von dem, was Liebe ist. Du musst also versuchen, dein Verhalten so zu verändern, dass es einen Wert für deine Tochter hat, dass sie es als Liebe übersetzen kann.“ Aber dafür muss man sich nicht schuldig fühlen, woher sollen wir das auch wissen? Wir sind alle so unterschiedlich und wollen auf so verschiedene Weisen geliebt werden! Das Kind hat ein ganz bestimmtes Temperament und entwickelt sich auf seine Weise.

Kein Kind kommt als „Tabula rasa“
zur Welt, es bringt etwas mit.

Wie können wir aber herausfinden, wie unser Kind geliebt werden möchte? Erwachsene können sich das sprachlich mitteilen, für ein Kind ist das jedoch nicht so einfach. Wir werden oft sehr böse auf unsere Kinder – und diese unsere Haltung drückt letztlich unsere Verzweiflung aus: Wir sind im Umgang mit unseren Kindern weniger erfolgreich, als wir es sein möchten. Aber wir können Kinder, selbst wenn sie noch sehr klein sind, um Hilfe bitten und ihnen sagen: „Schau, in den letzten drei Wochen war ich oft böse auf dich, wenn du dies oder das getan hast, und das macht mich wütend. Ich weiß nicht, was ich tun soll! Kannst du mir helfen?" Und meist sagen dir Kinder, was los ist, auch wenn sie es weniger differenziert ausdrücken.

Einer unserer dänischen Kinderspezialisten hat mal ein Projekt mit Kindern zwischen drei und sechs Jahren durchgeführt. Sie haben dabei erfahren, dass 90 Prozent der befragten Kinder es so empfinden, dass Eltern 80 Prozent der Zeit, die sie mit ihnen verbringen, schimpfen. Die befragten Erwachsenen hingegen meinten, sie würden nur 10 Prozent der Zeit schimpfen. Was er sich nun gefragt hat: Was ist mit diesen 70 Prozent, in denen sich Kinder kritisiert und nicht gesehen fühlen, Erwachsene das hingegen gar nicht merken? Und er kam zu dem Schluss, dass Erwachsene unter „schimpfen“ „den Ton erheben und böse gucken“ verstehen, während Kinder unter „schimpfen“ auch all die vielen anderen Situationen verstehen, in denen sie kategorisiert und definiert werden.

Die Liebe im Tun erkennbar machen

Was können wir als Erwachsene also tun? Wenn du die Kinder fragst: „Was kann ich anders machen?“, sagen dir die Kinder: „Nichts, hör mir einfach zu!“ Und das wiederum bedeutet: „Wenn du, Papa, wüsstest, was in meinem Kopf vorgeht, wenn ich dies oder das tue, dann würdest du mich nicht so beschimpfen, dann wüsstest du, ich hatte einen guten Grund dazu.“

Wenn ich mit Teenagern zusammenkomme, dann sagen sie mir sehr oft: „Meine Familie hört mir nicht zu!“ Und die Eltern werden entsetzt sein und sagen: „Wie? Wir sprechen doch die ganze Zeit, was meinst du damit: Wir hören dir nicht zu?“

Eltern fühlen sich unfair behandelt, aber was ihnen das Kind mitteilt, ist sehr wertvoll: „Ihr hört zwar meine Worte, versteht aber meine Botschaft nicht! Ihr denkt nicht weiter darüber nach.“ – Was ich mit meinem Einsatz erreichen möchte, ist, in konkreten Beziehungen zu bewirken, dass liebevolle Emotionen – egal, ob in Partnerschaften, zwischen Lehrern und Schülern, Eltern und Kindern – in liebevolles Tun übersetzt werden. Und wir haben alle diese Schwierigkeit: „Ich liebe dich, wie kann ich es nun anstellen, dass du diese Liebe auch wirklich spürst?" Wir meinen, wenn wir jemanden lieben, dann kann der uns nur dankbar dafür sein. Wir meinen, wir hätten ein Ein- und Austritts-Ticket für die Seele des anderen: „Weil ich dich liebe, darf ich alles!"

Liebe ist kein Alibi, um alles tun zu dürfen.

Es ist in der Tat so, dass sich Menschen die furchtbarsten Dinge antun, weil sie sich lieben. Liebe kann somit auch gefährlich sein – vor allem für Kinder, denn Kinder müssen die Art und Weise, wie sie von ihren Eltern geliebt werden, einfach akzeptieren, selbst wenn sie sich nicht geliebt fühlen. Wenn zum Beispiel Eltern es nur so verstehen, ihre Liebe auszudrücken, indem sie ihre Kinder mit Spielzeugen überhäufen, dann frieren die Kinder ein, aber sie spüren, dass das die Art ihrer Eltern ist, sie zu lieben, also können sie gar nichts anderes tun, als mehr Spielzeuge zu verlangen. Und je mehr sie bekommen und je mehr Spielzeuge in

den Ecken des Kinderzimmers herumliegen, umso mehr frieren sie ein. – Auch dies ist ein wunderbares Beispiel dafür, wie feinsinnig Kinder kooperieren: Sie entwickeln ihre Lebenslogik, die sie dann auch später im Leben begleiten wird.
Zum Beispiel: Deine Mutter hat dir als kleines Kind, immer wenn du schlimm warst, gesagt: „Du bist wie dein Vater.“ Nun bist du selber verheiratet und hast ein Kind – was sagst du ihm, wenn es schlimm ist? Genau denselben Satz, den deine Mutter zu dir gesagt hat, obwohl er dich damals immer verletzt hat. Aber das ist das, was du von ihr übernommen hast – ihre Art, dich zu lieben. Das ist das, was du über Liebe mitbekommen hast.

Kinder so sein lassen, wie sie sind

Kinder lieben uns unvoreingenommen und akzeptieren sogar unsere Lieblosigkeiten. Dabei könnten wir von ihnen lernen, dass man nichts tun muss, um geliebt zu werden – man darf einfach sein. Ja, die unvoreingenommene Liebe ist das, was Eltern gleich in der ersten Woche mit ihrem Neugeborenen erfahren: Das Baby liegt in seinem Bettchen, und wir meinen, so wie es ist, ist es wunderbar. Nur, kurz danach schleicht sich schon der Wurm ein, und wir meinen, unseren Nachwuchs dauernd korrigieren zu müssen. Und das ist nicht besonders schlau, denn Kinder brauchen von ihren Eltern nichts als die elementare Mitteilung: „Du bist in Ordnung, einfach weil du bist!“

Kein Kind muss so werden,
wie sich das die Eltern vorstellen.

Als ich achtzehn Jahre alt und noch Matrose war, hatte einer meiner Onkel, zu dem ich mich gar nicht hingezogen fühlte, uns alle eingeladen. Dazu hatte ich nun aber gar keine Lust, denn ich wusste genau, was ablaufen würde: Die Erwachsenen würden mich fragen, wie es mir ginge, und mich dann völlig vergessen. Meine Eltern haben aber so viel Druck gemacht, dass ich schließlich mitging. Und was geschah? Genau das, was ich vorausgesehen hatte: Niemand hat sich nach den ersten zwei Minuten für mich interessiert, sodass ich nach einer halben Stunde beschlossen habe, zu gehen. Und als ich aufstand, um wegzugehen, sah plötzlich mein Vater in meine Richtung: Er fixierte mich und wusste genau, was ich vorhatte, und auch, weshalb ich aufstehen und weggehen wollte. Er hat mich nicht aufgehalten, sondern gehen lassen und mir das Gefühl gegeben, dass er mich versteht und dass es in Ordnung ist. Ich hätte es mir gewünscht, solche stillen Botschaften viel öfters zu erhalten – vor allem als Kind, aber immerhin, es war einmal passiert, und das war viel! – Diese Art von Botschaften bestimmt die Qualität einer Beziehung zwischen Eltern und Kindern. Die Eltern können ihre Liebe zu den Kindern nicht beweisen, indem sie ihnen hundert Mal beteuern: „Wir lieben euch so sehr!“ – sie müssen diese Botschaft vermitteln, indem sie sie lieben, das heißt mit ihrem Tun. Sie müssen ihnen zeigen, dass wir sie annehmen – so, wie sie sind.